西藏簡明通史　上冊

恰白·次旦平措　諾章·吳堅　平措次仁
編著

目錄
CONTENTS

第四章　西藏分裂時期

第五章　薩迦巴統治西藏時期

第六章　帕木竹巴統治西藏時期

第七章　甘丹頗章政權統治時期

第一章
———————————

遠古時期

第一節
「蕃域」的由來

　　「蕃」是藏族人對自己的地方所取的名稱在其語音上的一種變音，並非其他地方的人所命名。我們這個地方何時起稱為「蕃」？近代著名歷史學家根敦群培在他所著的《白史》中說，「很早以前，本民族語言中，我們這個地方就叫做『蕃』。」據此，「蕃」的名稱是從遠古開始就有，但很難說清楚從那時至今過去了多少年。

　　關於「蕃」的地名含義，主要有兩種說法。一是在這個地方農業生產尚未發達以前，人們從事狩獵活動。由於散居在偏遠地方的牧民經常遇到自然災害和盜匪或野獸的襲擊，必須相互加強連繫。這樣，只能居住在相互呼喚所能聽到的範圍之內，出現情況時，從山崗高處大聲用「噶耶」或「瓦耶」之聲高呼對方，把這種呼喚稱為「蕃巴」，久而久之，呼此「蕃」之聲，自然成為其地名。另一種說法是，我們這個地方，把高原以畜牧為主的地方稱為「牧區」，把低谷林業為主的地方稱為「農區」，把介於兩者之間的溫寒相宜，以經營農業為主的地方稱為「蕃」。歷史上，悉補野贊普世系興起於雅隆，當時這一地區是經營高原農業的中心，故名「蕃域」。悉補野贊普世系是將地

名當作王號，稱為「吐蕃贊普」。後來，吐蕃贊普世系從雅隆周圍開始逐漸將權勢擴展到衛藏地區。特別是藏王松贊干布時期起，將吐蕃四面八方的部落納入統治之下，疆域擴大，王號當作地方名稱，將贊普控制下的一切地方取名為「吐蕃」。

第二節
西藏高原的形成

　　最初，藏區上、中、下三部所有地方是一片被水淹沒的大海，後來「貢格曲拉」¹裂開，水沉入其中，顯露出藏區的形狀。根據現在科學研究的成果，「古近紀初中期，青藏高原是一片波浪起伏的大海。新近紀開始後，逐漸出現了陸地，高原高出海平面二千公尺左右，地勢東面偏低，西面偏高，西北部是一片生長著針葉樹和扁平樹的茂密森林，東南部不僅被蘆葦和綠草覆蓋，而且點綴著眾多的湖泊、池塘，彷彿天空群星一樣美麗。」

1　貢格曲拉：意思是貢布地區的像水桶一樣壞了的地方。語出自《賢者喜宴》。

　　繞迴：中國漢族地區的天文曆法很早就傳入了藏族地區。尤其是吐蕃時期贊普松贊干布和文成公主聯姻以後，漢族地區的許多包括天文曆算在內的文化典籍及各種人才傳入吐蕃。漢族地區的曆法對吐蕃影響很大，藏族地區的紀年普遍採用漢地的五行（金、木、水、火、土）和十二生肖（鼠、牛、虎、兔、龍、蛇、馬、羊、猴、雞、狗、豬）相配合，形成了獨特的紀年方式，即藏曆，60 年為一週期，有了水牛年，火雞年，木馬年等等。到了西元 11 世紀初，印度的時輪曆法開始傳入中國藏族地區。標誌是1027 年克什米爾班智達達瓦貢布來藏地傳授時輪曆。這一年恰好是藏曆火兔年，此年遂被定為「第一繞迴」，藏曆繞迴紀年從此開始普遍使用，60 年一輪為一個繞迴，一直沿襲至今。（《西藏研究》藏文版，1984 年第四期）

隆起於海面的陸地，在長期的演變過程中出現了多種動物。科學家分析的結論是，「當時，喜馬拉雅山脈尚未隆起，無法阻擋來自印度洋的暖濕氣流。青藏高原的氣候暖濕適宜，全年平均氣溫在 10℃左右，年降水量在二千至五千毫米之間。適合於溫帶地區生長的多種植物遍及高原各處，其中有四千餘種珍貴生物種類。在如此溫暖的地方，不僅有三趾野馬，而且有狗、大象、兔子、鹿群等多種動物。以後喜馬拉雅山逐漸隆起，愈來愈高，阻擋了來自印度洋的暖濕氣流，青藏高原的氣候以及周圍的環境隨之發生了變化，成為一個寒冷的地方。」[2]由於這一地區氣候發生了根本性變化，導致那些動物的自然生存條件減少。天氣和自然條件的全面變化，使生活在這片高原地區最早的遠古猿猴具備了成為人類的條件。對此，藏文史書中的零星記載和從地下發掘的各種古生物化石用現代科學研究方法得出的結論都相同。

2　《西藏研究》藏文版，1984 年第四期。

藏族的起源

一、藏族人是猿猴與羅剎女後裔

在世界各地,關於人類起源的說法眾多。如西方各國的上帝造人說,以及我國古代女媧造人的神話傳說等。在西藏也有著名的人類起源說,即父親獼猴菩薩化身與母親羅剎女結合生子繁衍人類之說。

英國著名的生物學家達爾文在藏曆第十四繞迴土羊年(1859 年)完成的《物種起源》一書中明確提出了生物從簡單到複雜、從低級到高級的發展規律。他在藏曆第十五繞迴鐵羊年(1871 年)的另一部論著中,運用大量科學證據,從人與猿類的親屬關係闡明人類是從古代的猿類逐漸變化而來。這種進化論的觀點已得到世界上大多數人的肯定。

實際上,在達爾文之前一千年,西藏已有藏族人是父親猿猴和母親羅剎女結合而形成的傳說。成書於西元十七世紀的《國王遺教》中寫道:藏族人的形成過程是觀世音菩薩的化身父親獼猴絳曲賽貝和母

親至尊度母的化身羅剎女結為夫婦生下猴崽，他們演變為四部，即四氏族：賽、穆、頓、東，從此發展成藏族人。這種說法從有文字記載開始已經過去九百餘年。

上面所說的「彌猴」在藏語中有小彌猴的意思。羅剎女同樣食居於岩穴中，她也像類人猿一樣是一種以食其他動物的血肉而生存的猿類，根據她居住岩穴和生活方式稱之為「羅剎女」，並非實際不存在的魔女或女妖。總之，藏族人的祖先是棲居於雅魯藏布江流域密林中以食果實為生的小猿猴和居住岩穴的以食動物血肉的大猿猴結合生子繁衍形成的，這種說法符合歷史唯物主義的觀點。

二、西藏古人氏族的形成

從古人氏族逐漸演變成西藏的四大氏族：賽、穆、頓、東，在此基礎增加的「惹」和「柱」兩氏族，通稱為「六大氏族」。

三、藏族人種起源的有關出土文物

最近一二十年在西藏發掘的古代大量實物可以找到藏區人類如何發展的一些科學證據。近二三十年的發掘，發現舊石器時期和新石器時期的各種石器、陶器、骨器、裝飾品、穀物種子，甚至古人頭骨等大量實物。從尼洋河岸發掘出的古人骨頭，沒有類人猿的原始特徵，屬於現代人。「尼池（林芝）人」大約生活在四千多年前，即新石器

時期或者鐵石並用時代。特別是在昌都卡若發掘出的古人房子、穀物種子、動物骨頭、石器、陶器等文物，為研究西藏地區人類型成過程和西藏古代文化變遷提供了豐富的科學依據。

原來的卡若村位於瀾滄江西岸，海拔約三千一百米。據估計，卡若遺址占地面積約一萬平方米。過去前後兩次發掘的總面積約一千八百平方米，發掘的各類實物有：房屋遺址二十九處、石牆三段、石牆高臺二塊、石角三塊、灶穴四處，石器文物七九七八件、骨器三六八件、石片二萬多塊，其中能夠拼湊的四十六件，不同的裝飾物二件。草泥房子有圓形，有四方形，也有長方形，造型各異，房子中間有三角石鍋灶。發掘的骨器種類有錐子、骨針、斧子、骨鋸、角錐等。陶器只有砂罐、砂鍋和砂碗等少數幾件，花紋豐富，顏色有紅、黃、灰、黑等，多數陶器光滑突出，做工精細，造型講究。裝飾品有婦女髮卡、環圈、耳環、念珠、項鏈、珠串、海貝等，以石頭、骨頭等原料製成，精美細緻，種類繁多。石製生產工具，有細石器，磨製石器等三種。工具類有：石鍬、石鏟、石斧、鑺頭、犁、矛頭、箭、鐮刀、劈刀、打製工具，共計六千八百多種。

卡若村落古人的主要生活來源是農業，附帶進行狩獵活動。土石工程建築的習慣和三腳石鍋灶的建造法具有不同的地方特色，對加強研究藏族人的祖先出現在高原這一問題有重要價值。

卡若文化是屬於新石器時代的文化，至今已有四千五百至五千年的歷史，從這裡可以窺見，西南和西北的古人相互往來和進行文化交流的情況。卡若遺址是西藏高原上至今發掘的具有代表性的古文化遺址，也是中華民族文化寶庫中一顆絢麗璀璨的瑰寶。

總之，出土的大量古代文物和民間故事證明，數千年乃至數萬年前在西藏土地上早就有形成並發展為人類的氏族，藏族是由此形成的，絕非從其他地方遷移來的。

　　藏民族和其他任何民族一樣，不只是一種成分，而是一個擁有多種成分的民族。譬如在藏民族的形成過程中混雜著毗鄰地區的漢族、羌族、蒙古族等民族成分，不用說其他民族之中也含有藏族成分。

第二章

悉補野王統世系

按照本教觀點，古代天神下凡為人主；以後，從後弘期開始則說印度釋迦族的王族及其王子流浪到西藏（為藏王）；部分漢文獻說：從中國內地流浪至西部的樊尼為藏王；藏族最早的教法史書認為，根據民間古代傳說，聶墀贊普從波沃地方蒞臨雅隆。眾說紛紜，莫衷一是。其實前面三種說法或無事實根據，或與史實不符，不足信。

　　關於聶墀贊普為藏人之說，這是一種古老觀點。《敦煌本吐蕃歷史文書》說：「於地方城邑，各有四蕃，有悉補野贊普德鄔王托傑，各自分離，有的人說屬十二小邦，有的人說不屬十二小邦。¹」這裡肯定了聶墀贊普來自這四蕃。聶墀贊普並非來自一些不存在的天神和夜叉等種族，而是來自藏族人自己的種族。江朗巴・若貝多傑撰著的《雍布拉康志》記載聶墀贊普的來源時說：「昔日，波沃地方，有一位名為『恰姆增』的婦女生下餓鬼九兄弟，幼子取名『烏貝惹』，眉目俊秀，指間有蹼，能力甚大，故被全鄉人驅逐。前往蕃地時，適逢蕃人尋王，相遇於強朗雅賴貢。眾人問：『你為何人？自何地來？』答道：『我自波沃來，欲往蕃地。』眾人問：『然則，你有何能力？』答道：『我法力甚大，故被眾鄉人逐出。』眾人問：『你可否做蕃之王？』答：『爾等以頸載我，我有法力神變。』眾便遵其命，以肩輿舁之，尊其為王，上尊號為『聶墀贊普』。」因聶墀贊普是從波沃地方來的王，故尊號為「悉補野」（即波沃之王）。自從聶墀贊普為吐蕃王之後，開始了悉補野王世系。蔡彌穆傑和宗彌恰嘎擔任此贊普的神師，創建了雍布拉康宮。部分本教史書記載，聶墀贊普時期創建了「索喀爾雍仲拉孜」和「青瓦達孜宮」，本教得到了發展。

1　《先言教藏》手抄本，第67頁。

在計算悉補野王統時，大部分著名的王統、教法史書引證較全面的提法是：聶墀贊普和納木穆穆之子為穆墀贊普，穆墀贊普與薩丁丁之子是丁墀贊普，丁墀贊普與索塔塔之子為索墀贊普，索墀贊普與托邁邁之子為邁墀贊普，邁墀贊普與達拉嘎姆之子為達墀贊普，達墀贊普與思結拉姆之子為思墀贊普，以上七王通稱為「天墀七王」。

到了第三十一代贊普囊日松贊時期，大部分衛、藏地區基本上納入其管轄範圍。贊普徙居雅魯藏布江北岸，修建了墨竹的強巴彌居林城堡。在過去數百年中，小邦割據各霸一方，形成了互相侵襲的習慣。各將領居地自傲，想占領一片地方為王。因此，悉補野贊普的政權基礎未得到鞏固，最終囊日松讚自己亦被門地毒藥殺害。

| 西藏簡明通史 上冊

第三章

吐蕃贊普王統

第一節
贊普松贊干布

一、統一全藏

　　吐蕃贊普松贊干布是藏族人民無比愛戴的一位最具影響的古代民族英雄。至今，他的美譽在全中國乃至全世界各大洲傳頌。

　　首先，關於贊普松贊干布的生卒年代，在藏族的《王統史》和《教法史》中說法不同，長期以來得不到統一，這不僅是歷史爭議，而且成為以後其他贊普王統年代方面問題產生矛盾的根源。近代著名歷史學家根敦群培的《白史》對這一問題作了合乎實際的闡述，開創了藏族歷史研究的先河，現在國內外大多數歷史學家都以根敦群培的研究成果作為標準，進行評判。其中一部分人認為，松贊干布生於西元六一七年（藏曆火牛年），這種觀點和藏族古代歷史學家娘‧尼瑪維色的《娘氏教法源流》、至尊‧扎巴堅讚的《西藏王統記》、巴俄‧祖拉陳瓦的《賢者喜宴》等名著的觀點相同。《白史》認為，松贊干布卒於西元六五〇年（藏曆鐵狗年），這與桂譯師宣努貝的《青史》、《敦煌本吐蕃歷史文書》、《舊唐書》的觀點完全吻合。

松贊干布是悉補野世系中第三十一代贊普囊日松贊與蔡邦氏珠瑪脫嘎之子，西元六一七年（藏曆火牛年），生於墨竹工卡加麻囊的強巴彌居林宮殿。王子剛降生時肌膚潔白，相貌端莊，身軀比一般小孩大，且勝過他人。父母君臣見到後都非常高興，據說生日宴慶極其豐盛。王子發育成長，到了青年之時，已經是一位學識淵博、智慧超群、英勇智謀之人。父王極為歡喜，臣僚快樂，讚譽聲不斷，美名傳遍大地。但是，父王囊日松贊後半生征服納入治下的達波、工布、娘布等地區，由於尚未建立贊普的堅固統治勢力，致使原來的奴隸們互結惡緣，相互侵襲，遠離悉補野的象雄和犛牛蘇毗等一些小邦或部落聯盟以前只承諾為所屬臣民，實際上未作悉補野的臣民，一旦有機會他們立即反叛。同時，當外部發生大規模的反叛活動之時，祖父時的一部舊臣也蠢蠢欲動，出現反叛的跡象。一些心懷叵測的內侍與敵人勾結向父王囊日松贊下毒，父王遇害。這時，剛滿十三歲的王子松贊干布被娘・芒波傑尚囊、噶爾・芒相松囊、瓊波・邦賽蘇孜、韋耶察等大臣擁立為贊普，扶上贊普的寶座。這位年輕力壯、聰明多智的贊普在困難和危險面前，不但沒有退怯，反而表現出足智多謀、毫無畏縮。《敦煌本吐蕃歷史文書》上說：「王子松贊幼年親政，先對進毒為首者斷然盡行斬滅，令其絕嗣。之後，叛離之民復歸治下。」[1]

　　在征服吐蕃東北部的蘇毗國方面，《敦煌本吐蕃歷史文書》記載：「後，娘・芒波傑尚囊發兵征討蘇毗諸部落，有如種羊領群之方法，以舌劍唇槍服之，不失所有戶數，全納入治下為庶民。」[2]後來，

1　《敦煌本吐蕃歷史文書》藏文鉛印本，第 66 頁。

2　《敦煌本吐蕃歷史文書》藏文鉛印本，第 66 頁。

松贊干布親自出巡北道，未用一兵一卒，迫使北面的漢人和吐谷渾人朝貢納稅，從此將吐谷渾納入治下。

松贊干布按照父祖之意，為了統一吐蕃，全境保持安定，他首先考慮遷都之事。與眾臣商議，對吐蕃中部地區的地形地貌詳細考察後發現，伍茹下部（今拉薩河下游，即達孜至曲水沿河一帶）中心臥塘湖邊景緻優雅，地勢寬坦，中間的紅山與左右山脈分離獨立，彷彿獅子躍空。於是，在紅山修建莊嚴宮殿，君臣、將士遷居這裡建立了統治全蕃的核心，即布達拉宮。今天的布達拉宮所在地紅山地勢優越，立居山頂，周圍的景色盡收眼底，附近之地平如掌心。

遷都拉薩後，松贊干布清查以前的各部落庶民，安撫民眾，平等對待每一個部落，加以保護。「賞賜善者，懲治惡者，以法律抑制諸高者，以方便護持低賤者。」當時，吐蕃西部（上部阿里）和北方廣袤牧場乃是象雄的領地。《敦煌本吐蕃歷史文書》說：「此王之時，出兵象雄，免其國政，破象雄王李彌夏之政權，收編象雄一切部眾為庶民。」[3]這一時期，松贊干布逐漸占領吞併了東南部的絳地（南詔），擴大了贊普的勢力範圍。松贊干布的成績是難以盡述的，對藏民族的政治、經濟、文化、軍事、法律等各個方面做出了不可磨滅的貢獻。

3　《敦煌本吐蕃歷史文書》藏文鉛印本，第79頁。

二、制定吐蕃社會的管理體制和法律條文

松贊干布的偉大功績之一，是他統一吐蕃後，著手建立的吐蕃社會的管理體制和法律條文，合稱為「吐蕃基礎三十六制」。藏族史籍中稱：奉松贊干布之命，吞彌桑布扎前往印度留學，熟練掌握了印度的梵語文化及其他文化知識，學識淵博，返回吐蕃後，創造了至今藏族仍在使用的藏文。據說贊普首先學習新文字的拼寫、文法等，松贊干布和吞彌桑布扎隱居瑪茹宮或帕崩卡宮殿靜修四年。因此，當時臣民們議論道，國王四年之久不出宮，如一愚夫，吐蕃平安乃是眾臣所為。松贊干布聞此謠傳，心中想道，如果將朕作愚夫，我應馴服臣民。於是召集眾臣說：「朕不外出走動，安居一宮，臣民可安全，說王愚痴，國泰民安是臣所為，實非如此。國泰民安之事，是我令眾臣所為，現在必須制定國家長治久安的一部大法。往昔，吐蕃沒有統一的法規，各邦、諸侯部落各居一方征戰，民不聊生，忍受痛苦。如果現在仍無統一的法律，罪禍橫行，我的臣民會再受痛苦。是故應制定法規。」於是制定了基礎三十六制。制定基礎三十六制的目的是鞏固統治，安定社會，增強勢力，發展農牧業生產，穩固邊防。

基礎三十六制實際是基礎六制，稱為「基礎三十六制」，它們的內容簡要如下：

第一、六大法典，各行政地區的界限、行政與軍事法律基礎，大臣等官員的地位和任務，農牧領域、人的美德、度量衡的標準，君王的取捨程序等法律，其中人的美德所含的內容非常多。

第二、六大政治制度，是一些關於施政法規的主要內容的規定。

第三、六級褒獎，是關於如何獎勵有功臣民等級的規定。

第四、六種標誌，是關於國王的主要功績類別標誌的規定。

第五、六種誥身，是關於獎善罰惡的獎勵法規。

第六、六種勇飾，是關於對國家安全、鞏固邊疆做出成績的英雄獎賞的規定。

根據《賢者喜宴》細分如下：

第一、六大法典包括六六大計法、度量衡標準法、倫常道德法、敬強護弱法、判決權勢者的法律、內庫家法。

1、六六大計法

即：吐蕃五大翼；十八個地區的勢力範圍；六十一個豪奴千戶；馴奴臣僕分為奴隸和再奴隸；三尚一倫總理中央事務；戍邊三軍。

松贊干布時期，把吐蕃地區的軍事組織為主的行政地區劃分成五大翼，即：衛茹（中翼）、夭茹（左翼）、也茹（右翼）、如拉、蘇毗茹。

衛茹（中翼）即前藏茹，翼界為東到沃喀的秀巴奔敦（沃喀宗），南至馬拉山脈（雅魯藏布江和吉曲河之間的山脈），西至宿尼木（尼木縣），北至朗瑪格浦，前藏以拉薩大昭寺為中心，即衛茹的首府。

夭茹，即左翼，翼界為東至工布地區哲納（今工布、林芝縣），南至夏烏達果（今錯那縣勒布區夏烏村）西至喀惹雪峰（今浪卡子縣白地河的喀惹），北至烏拉山脈，以雅隆昌珠寺為中心（乃東縣）。

也茹，即後藏雅魯藏布江以北一帶，茹界為東至扎地瑪格浦，南

至聶拉木雅布納（今聶拉木縣境內），西至切麻拉古（今昂仁縣皆麻拉），北至麥底曲那（今那曲地區嘉黎縣麥底卡），以香地的雄巴蔡（今南木林縣雄雄）為中心。

如拉，即後藏雅魯藏布江南岸一帶，茹界為東到絳乃扎，南至尼泊爾的郎納（尼藏邊界），西至拉蓋雅彌，北至吉麻拉恩，以杜瓦納拉（今薩迦縣色曲，藏文作「色區」，是行政機構名，中文有誤）為中心。

蘇毗茹的界限為東至聶域布那，南至麥底曲那，西至耶夏當布切，北至那雪素昌，以嘉雪達巴蔡為中心。

關於十八種地方勢力範圍（行政區劃）：松贊干布統一吐蕃之前，各部落首領分割吐蕃之地，各霸一方，後來，服從贊普的敕令，擁護統一，在承擔稅法的條件下，如同以前，繼續作為土地、牲畜和奴隸們的管家，使各部落首領繼續承繼前業，把這些稱為「采邑境界（地方勢力範圍）」。內部的區分直接受贊普親屬的保護。另外三十一個地區是由庶民和聶氏等父系親屬的二十五位首領長期管理的地方。六十一個豪奴千戶各有千戶長，共六十一位。另有未接受冊封的小千戶長，也有大五百長的官員。這些千戶不像是常設的正式軍隊。此前在吐蕃北方牧區有「守衛邊境」者和「兵營」，他們經常參加牧業生產，出現土匪時擔負剿匪的任務。當時的部隊是一支不脫離生產的部隊。至於千戶士兵的人數，《五部遺教》說：「四茹三十六個千戶共有士兵三四十萬。」部分藏學家根據漢文資料研究認為，六十一個千戶必須是各擁有一萬人的軍隊，總兵數為六十一萬人。

關於馴奴臣僕奴隸和再奴。贊普統治下的庶民分為豪奴和馴奴兩

種。所謂「豪奴」，是指臣民中擁有奴隸和財產者，是能組織壯士參加戰爭的人。馴奴是「豪奴」的反面，指從事各種平凡職業的庶民的總稱。其內部又分為小王、奴隸、再奴等高中低三個等能。馴奴之內也分為主奴等五個等級，在各級下面有各種大小主管權限。但是必須向贊普繳納賦稅，供獻禮品，承擔差役，所以屬於庶民。其餘一切如經營政府的牲畜，或者管理其他行業、承擔政府事務者，均屬於馴奴的範圍。屬於他們之下的人則被稱為「奴隸」或「再奴」。

三尚一倫，管理前藏一切事務。他們是贊普屬下的父祖母族的三舅與大倫（相），有權參議重大事務，是「尚倫畢集」之名。松贊干布統治國政之時，國家的大事不是贊普獨斷，而是通過尚倫（國臣）共同商議的方式決斷的。國家的重大措施都是在贊普的親自安排指導下，由公倫尚倫等眾臣辦理的。尚倫是贊普的生母的父系親屬的要人，贊普把屬於母親血統的民族頭人稱為「尚倫」（舅臣）。尚倫比同等地位的大臣所應有的權力大。松贊干布時期，三尚一倫掌管前藏行政事務。三尚是：堆之沒盧氏（堅贊僧格）、曼之琛民（嘉斯協丁）、中部之那囊氏（那囊嘉甘）；一倫為韋氏（吉桑達納），通稱為「三尚一倫」。

戍邊三軍鎮守邊疆：六十一個千戶之中，在鎮守吐蕃連疆，抵制外寇入侵方面做出突出貢獻者，有無畏的三軍部的勇敢。

2、度量衡標準法

松贊干布之時，吐蕃基本上成為一個統一的國家，吐蕃的農牧業生產和商品貿易水平有了大的發展，經濟實力相應有了提高。隨著吐蕃政治、經濟發展的需要，統一度量衡被提到重要的議事日程。松贊

干布於是製造了統一衡量糧食、酥油、金、銀的衡量秤標準。從松贊干布到墀熱巴巾之間，贊普王統時期的度量衡標準是：21 掬糧食為 1 升，3.5 掬為 1 普，6 普為 1 藏升，20 升為 1 克。另一種計算方法是：3 掬為 1 普，7 普為 1 升，20 升為 1 克。總之，21 掬為 1 升，沒有差別，這是衡量當時的糧食的斗、升的標準，升為木制升。

秤肉和秤酥油秤的標準是：2 大粒麥稞、2 中粒青稞、2 小粒青稞等大小 6 粒青稞為重量的 1 釐，20 釐的重量為 1 錢，10 錢的重量為 1 兩，4 兩或 4 波為 1 秤，20 錢即 80 兩為 1 克，這就是當時衡量的秤標准，據說秤是木製的。金、銀的重量為：7 豆為 1 分，7 分為 1 錢，10 錢為 1 兩。

長短度量標準，一般 12 指為 1 卡，2 卡為 1 肘，4 肘為 1 度（平伸兩臂的長度），這種量法一直流傳到近代。

松贊干布時期，度量衡的法定標準是：升、兩、普、掬、錢、分、釐、豆等。統一度量衡標準，對當時的農牧業產品交換和商業等經濟順利發展產生了很大作用。

3、倫常道德法

松贊干布之時，君臣詳細研究了當時社會上存在的各種細微現象制定法規，最後做出決定，以生死代價表示。其內部劃分為：法律十五條、七大法律、在家道德規範十六條等，合計細法三十七條。

（一）法律十五條包括三做、三不做，三褒獎、三譴責、三不迫害。

1）三做（宏化）：

①消滅外寇能使國家太平；②理好內政，能使百姓安樂；③為利益來世，信奉實施十善法。

2）三不做：

①不為無信仰的普通人講授佛法；②密咒是獲得佛果之因，不能當作財富出賣，即觀看供品不具誓言，不講密咒；③不能薦舉傲慢者為官員領主。

3）三褒獎：

①對於戰場上勝故有功的英雄，如果不賞賜虎皮戰袍褒獎，以後就沒有產生英雄的酩酵，所以必須給英雄予獎勵；②對於精於內政之臣和各有功者，如果不以璁玉、黃金等誥身獎勵，以後不能分辨賢愚之人，所以必須以誥身獎勵賢明者；③如果不褒獎為了君臣之事而熱誠工作的優秀人才，以後不可能出現精進熱誠之人，所以必須給以豐厚的物質獎勵。

4）三譴責：

①對於屈膝投降或者放任失職等無主見的懦夫，應該將狐狸尾巴套在其頭上，進行譴責，反之，就不能分辨英雄和懦夫；②對於做惡多端者如不進行適當的法律處罰，以後會作惡不止。③對於違法亂紀者如不進行處置，任其放任自流，後果不堪設想，所以一定要嚴厲處治。

5）三不迫害：

①如果不養育自己的父母，虐待折磨他們，立刻會受到眾人的指責，將來受報應之苦。所以要孝敬父母，千萬不能欺侮；②如不愛護自己的徒弟，進行折磨迫害，不僅使孩子父母感到厭惡，而且外面的

敵人也會譏諷，一定要愛惜保護他們不應該進行痛苦迫害；③如果不照顧親屬，進行憎恨迫害，就會失去自家的工作和稼穡。一定要互尊互愛，團結照顧親屬，不應該迫害折磨。

（二）七大法律

佛教十善法中有殺生、偷盜、姦淫、說謊等四根本罪和飲酒等五條，松贊干布增加奴不反主（民不造反）、不盜墓兩條，稱為「禁行之七大法律」。

1）不殺生法

殺傷人的刑法，分死命價與活命價兩種，相互間發生爭鬥或騷亂而殺人，或者因其他原因使人死亡，將此類稱為「死命價」。殺人者必須賠償死人的祭禮和墓葬所需的費用，為贍償亡人之命，必須交付費用彌補虧耗。「活命價」是指在騷亂之中致傷或其他原因造成的傷害，必須交付受傷者醫療費以彌補虧損。在償付死、活命價時，要參考受傷人的地位高低，然後才能決定賠償的粗略數額。命價標準、賠償醫療費標準，規定用金、銀，實際成交時允許用銀子替代納金。

2）斷偷盜法

即懲治盜匪的刑法，如果偷盜佛殿與三所依（佛像、佛塔、佛經）之財寶，判以百倍賠償。若盜君臣的財物，以八十倍賠償。若盜庶民之財物，則賠償所偷物的八倍。判處聚眾騷亂盜竊他物的主犯死刑或流放。

3）禁止邪淫法

侵害人身被看成是重罪。私通者，割其肢，貶為奴隸，流放邊

地。姦淫王妃等高貴婦女者，判刈肢。強姦他人之妻，套以頸索吊死。

4）禁止說謊法

出現罪犯或發生訴訟案時，訴訟雙方必須在法庭上說明事情的原委，如果拒絕承認錯誤，或者想法抵賴罪行逃脫法律，必須發誓以各自的護法神為證人，稱此為「狡誑洗心法」。

5）禁止飲酒法

如果飲酒過量，釀成大禍，一定要受到法律的制裁。

6）奴不反主法，是禁止奴隸起義之法，庶民和奴隸必須遵守各自主人的統治，承擔納稅，除此之外，不能叛離主人和進行反抗起義。

7）不盜掘墳墓法，是禁止盜竊為死人修建的墳墓中的財物而盜竊墓葬。

（三）在家道德規範十六條

①敬信三寶；②求修正法與文字；③尊敬報恩父母；④尊重有德；⑤敬貴重老；⑥義深親友；⑦利濟鄉鄰；⑧直言小心；⑨追蹤上流，⑩飲食有節，貨財安分；⑪酬報有恩；⑫秤斗無欺；⑬慎戒嫉妒；⑭溫語寡言；⑮忍修大度；⑯不聽婦言。

4、敬強護弱法

在法庭上，對訴訟雙方的呈詞（兩名控告者）進行真偽分析後，必須合理大膽地判決，照顧到有權勢者和貧弱各方。

5、判決權勢者的法律

重大特殊之類的事是依王法判決的，必須無條件完成。

6、內庫家法

是一種贊普的內庫法，即積累和保管倉庫的財物等宮殿內部工作的歸總法律。

第二、基礎三十六制中的六大政治制度

1、孝養主人而償清利息者。為了孝養國王，眾臣必須努力精進；庶民按期繳納各自承提經營生產的土地、牲畜稅，即必須奉獻國王。

2、抑制豪強，扶助臣僕者。法律規定，抑制有權有勢、專橫或有權勢豪奴的欺壓，扶助再奴即劣賤弱小庶民的靠山，任何人也不能欺凌。

3、馴奴不充豪奴，王政不及女人者。馴奴不能充丁、婦女不能幹預政治。

4、守衛邊界，不踐民禾者。鎮守四方邊界，不可將馬放於百姓耕種的田園中，馳騁踐踏。

5、征服敵人，撫育臣民者。消滅外面的一切敵人，關心國家臣民的生活，必須保護臣民的安樂。

6、奉行十善，捨棄非十善。王臣庶民要長期奉行十善，捨棄非十善。

第三、基礎三十六制中的六級褒獎

　　贊普為獎勵大臣和有功人員頒給不同的獎狀和褒獎以表示當時大臣的等級或地位大小，也是一種鼓勵臣民的最好措施，能夠代表獲得與大小珊瑚文書和金書等珠寶及其價值相等的地位。六種褒獎中上等是珊瑚、黃金，中等是銀、銀鍍金，下等是銅鐵，這六種各分為大小兩種，共十二種，代表十二個級別，另外，還有響銅與波紋白木文書。

　　褒獎是按照等級頒發的，大相為大翡翠（珊瑚）文書；副相與內大相為小翡翠書；小相與內副相、大噶倫為大金書；小內相、副噶倫為小金書；小噶倫為銀鍍金書；寺院軌範師和座前法師（密咒師）、上下權臣為大銀書，侍身本老師與持寢師、羌塘堪輿師、邊防哨兵、城堡警衛為小銀書；千戶長、茹本等為銅書；英雄為鐵書；普通臣民為木紋書。

第四、基礎三十六制中的六種標誌

　　宣佈王令的標誌，而能代表法令的印征，稱為「誥命匣」。營相的標誌，而能表示贊普軍隊的標誌者，高舉在軍旗上。國王位所的標誌或象徵是王宮的聖神。國王奉行佛法的法相標誌是新建祖拉康等佛殿。鎮懾敵人英雄相的標誌中各位英雄身著虎皮戰袍。精通國務而有才能，或戶相的標誌是以翡翠、金書等褒獎九大臣。

第五、基礎三十六制中的六種稱號（誥身）

　　這是針對攝政之臣和臣民劃分為善號和惡號六種。

第六、基礎三十六制中的六種勇飾

這是表彰對國家穩定、固守邊界等項工作上有成績的戰鬥勇士的措施。根據英雄成績大小分為六種：虎皮褂、虎皮裙、大麻袍、小麻袍、虎皮袍和豹皮袍。

從制定古代吐蕃基礎制方面，使我們看到了松贊干布是藏民族的一位偉大先祖，是藏族史上具有優秀成績的高尚贊普。松贊干布統一吐蕃後，建立起來的贊普王統具有強大的政治勢力和經濟勢力，這與受廣大群眾的支持和制定了符合當時社會性質的一整套法規是分不開的。

三、首創現代所使用的藏文

關於贊普創造現代藏文基礎的情況，有這樣一個故事：松贊干布十三歲（西元 629 年，藏曆土牛年）舉行盛大的即位宴會時，吐蕃四鄰的小邦及各部落首領遣使來賀，有的獻重禮祝賀，有的以書信祝賀，書信用不同的地方文字。當時由於吐蕃無文字，都用他們的文字書信答謝，或者捎口信致謝。為此，贊普很難為情。他考慮因吐蕃無文字，很難完成國政大事，也成為鄰國指責的目標，所以一定要創立符合吐蕃自己語言的文字。松贊干布的這種想法成為創立使用至今的藏文的緣起。

1、吞彌桑布扎創造藏文

現代藏文的首創者是大臣吞彌桑布扎。《賢者喜宴》說：「謂自

吞之洛惹喀授賜吞彌阿惹迦達之子聰慧小人吞彌桑布扎沙金一升。」
據此，吞彌桑布扎的出生地是「吞」地的洛惹喀，父親名叫「吞彌阿
惹迦達」，他本人的字叫「桑布扎」。「吞」地的洛惹喀位於尼木縣，
現在仍然沿用此名。

《賢者喜宴》說：松贊干布賜予吐蕃相臣之子十六名聰慧青年贈
禮，派遣他們去印度學字。其中有些人恐於路途艱辛半途而返回，有
些人雖到達印度卻中暑而亡，有些人苦於不懂梵語返回吐蕃，沒有實
現贊普的心願。於是贊普再次派遣聰慧、正直、機靈、出身高貴，以
及有多種功德的青年吞彌桑布扎，賞給一升沙金和給印度貝金協布納
拉欽王的慰問品，帶著隨從達洛德沖等人去印度留學。平安到達印
度，遊歷了印度大部分地區後，吞彌桑布扎拜南印度一位精通語言的
大學者婆羅門李勤為師，學習了所有知識。吞彌桑布扎經歷七年專心
修習，成為一名很有影響的學者。他帶著經典和禮品安全返回吐蕃，
奉松贊干布的指示創造文字。

2、現代藏文之源和特徵

關於吞彌桑布扎所創造的現代藏文之底本方面，學者們的觀點各
異。《賢者喜宴》認為，吞彌桑布扎以梵語楞札字和迦濕彌羅字為元
輔音的藍本，在瑪茹堡（帕邦卡）創造了藏文字形。

吞彌桑布扎創造藏文時，首先構成兩個音調，與字母性相的總格
調完全一致。他詳細研究藏語語調後，從梵文字母中選出適合藏語的
部分音調，捨棄了應該捨棄的。另外，吞彌桑布扎合理創造了不夠的
字母作為補充。現在我們使用的藏文全部體系的文種特別突出，甚至
達到了現代世界文字種類的前列水平。藏文的基本字母雖來自印度，

卻勝於古印度的字母，這是出自松贊干布的宏願，尤其來自吞彌桑布扎的超群智慧。從這方面表現了藏民族從很早以前開始有文字，不愧是個具有智慧的民族。

現在我們使用的藏文有許多優點：第一、藏文是一種拼音文字，只有元輔音字母三十四個，音調區分清楚，沒有變化，非常符合文字的性質。從吞彌桑布扎首創至今基本上保持原狀，讀音未發生任何實在的變化。第二、現在使用的藏文自創立至今已有一千三百多年，其間方言發生了各種變化，但是現在一些會藏文的人們讀得懂當時撰著的一切文字方面的聲明著作，有一定文化水平的人都能理解其含義。第三、藏文的拼音，若能了解拼法，無論是哪個民族，還是哪個國家都有其大致相同的語調。藏文是世界上最早使用的新的拼音文字之一。第四、藏文能書寫任何一種量多而意義深遠的內容。當時吞彌桑布扎翻譯了《觀世音菩薩二十一部經續》等吐蕃沒有的正法經典。第五、藏文中元輔音的總數極少。第六、有次序和可靠系統的聲明字來源。

總而言之，贊普松贊干布時期，藏民族開始使用沿用至今的文字，因而使吐蕃的歷史、政治、經濟、文化、軍事、法律等各個方面有了圓滿發展。

四、迎娶王妃

1、三位藏族妃子

松贊干布前後娶芒妃墀嘉、象雄妃勒托曼、木雅茹央妃嘉姆增等

三位藏族王妃，其中象雄妃和茹央妃沒有生育，王妃中首位王妃芒妃墀嘉順利生下贊普的純淨血統王子貢松貢贊。

2、迎娶尼泊爾王妃墀尊

　　松贊干布不僅是一位虔誠的佛教徒，而且是一位遠見卓識、韜略過人的國王。為了在藏區（吐蕃）弘揚佛法，吸收漢、尼等地的燦爛文化和物質文明，希望從尼泊爾和漢地迎請釋迦牟尼八歲和十二歲等身像。因此，他想出按照世間習慣方式迎娶尼泊爾墀尊公主和唐文成公主的好辦法。大相噶爾‧東贊域松和吞彌桑布札帶領臣僕騎士百人經過艱難行程來到尼泊爾的昆布城，在龍宮殿謁見了德瓦王印鎧甲光王，敬獻多種黃金珠寶和鑲無價之寶紅寶石的特殊琉璃寶盔等。噶爾‧東贊域松施禮頌王，詳細講述了琉璃寶盔的特殊功能，說明前來為贊普請婚的情況。尼泊爾王再三表示：不願把公主嫁給吐蕃。吐蕃使臣依次將松贊干布的書函呈交尼泊爾王。尼泊爾王看完書信後，一方面懾於吐蕃贊普的威力，另一方面傾慕賢明英勇的青年贊普的本領，最後答應將墀尊公主嫁給松贊干布。當時，墀尊公主極度傷感，但又不敢違抗父王之命，她對父王說：「如果父王命女兒遠嫁吐蕃，我遵從。為了在吐蕃發展佛教，請求父王將釋迦不動金剛佛像和彌勒怙主像，度母旃壇像等賜與我，作為嫁妝。我在吐蕃如何做，請賜兒教言與良方。」父王依公主所請。後來，墀尊公主坐在裝飾華美的騎象所載的精美轎箱中，帶著父王所賜的釋迦不動金剛和彌勒法輪、度母旃壇像為主的嫁妝以及無數奇珍異寶，隨從侍女，能工巧匠向吐蕃進發。吐蕃百名大臣、騎士等精心佈置，設立盛宴，在隆重莊嚴的儀式中迎接王妃墀尊公主。在拉薩紅山宮贊普松贊干布和墀尊公主會面，正式授予公主王妃寶座的權威。後來，墀尊公主遵照父王修建贊

普城邑宮殿的教誨，請求修建一座贊普宮殿。松贊干布依公主所請允准修建王宮，在紅山三層城牆環繞之中建造九九九座碉樓，加上絕頂紅宮共一千座，四面修建了精美四門樓，修建佛殿以供放釋迦不動金剛佛像等身、語意所依，取名「惹薩墀囊祖拉康」（大昭寺）。

3、迎娶唐文成公主

　　松贊干布為了完成國政大業的計劃，非常希望娶東方大唐皇帝的公主為妃，於是遣噶爾·東贊域松為首的百位大臣騎士帶著多種黃金寶物，一等金綠綾緞衣服和鑲嵌著紅寶石的琉璃鎧甲等高貴禮物以及絕密漢文書信，前去唐朝為贊普聘娶公主。噶爾·東贊域松等人從紅山宮起程踏上了去往東方漢地之路，經過艱難跋涉，他們來到陝西長安福德門由萬家環繞的大唐皇帝太宗的宮殿。唐太宗在吐蕃、印度、波斯、沖·格薩爾、韃靼等國使臣聚會之地宣佈將文成公主嫁給吐蕃贊普為妃。進藏之前，文成公主請求太宗皇帝把稀有的至寶釋迦牟尼佛像賜給她，作為聖緣，把五行經典、工藝技術、療治疾病的醫方八種、診斷法六種、醫著四種等醫學論著和醫療器械以及用不盡的種種珠寶賜給她作為嫁妝，唐太宗依其所請。

　　之後，公主將釋迦牟尼佛像供放在木輪車上，由力士嘉拉嘎和魯嘎牽引。將多種寶物、綾羅綢緞及所有之物與器皿共數百馱馱在騾馬、駱駝背上。珠寶裝飾、美似仙女的公主與吐蕃請婚使臣及唐朝送婚使臣、侍從、宮女一起離開皇宮踏上了進藏茫茫之路。

　　之後，以李道宗為統領的唐蕃諸臣還請覺臥釋迦牟尼像和文成公主抵達錯那（今青海瑪多縣東北部黑海鄉），隨即進駐瑪多扎陵湖附近的吐蕃人居住之地。松贊干布親自率兵迎接。覺臥釋迦牟尼佛像和

文成公主及其隨從翻山渡河，穿越森林，走出峽谷平原，最後來到拉薩之時，吐蕃臣民按照贊普的指示，擺設了盛大的歡迎宴會，千百萬身穿節日盛裝的男女民眾從各地匯聚拉薩以無限敬仰的心情迎接佛祖和公主。公主身著綾羅錦緞衣服，佩戴珍奇異寶的裝飾品，二十五位美麗宮女演奏琵琶，吹奏樂器，吐蕃幾位大臣相倫致禮迎接，陪同太宗皇帝的特使，護送公主進藏的江夏王李道宗來到宮殿的扎西贊果門前。松贊干布和文成公主見面享受喜悅，正式授予文成公主贊普王妃寶座的權威。

文成公主入藏時，隨身帶來了許多有關天文曆法、五行經典、醫方百種和各種工藝書籍，同時帶來了精通造紙法、雕刻、釀造和工藝技術人員。她不僅為唐蕃之間的經濟、文化交流做出了偉大貢獻，而且實現了唐蕃間的聯姻關係，在漢藏兩個民族長期友好方面產生了有深遠歷史意義的偉大影響。

五、修建拉薩大昭寺等佛殿

松贊干布建立了統一全蕃的政權，制定了社會基本體制和法律基礎，建立了軍事管理組織，首創藏文，成績卓著。在實行過程中，他考慮若要使藏區長治久安，僅有這些還不夠。數千年來，分裂割據的藏族各部落皈依原始宗教遺留的各自祖先的不同氏族凶神，互不謙讓，各自為政。親友之間具有反目成仇的惡習，部落之間戰亂不斷，相互殘殺，報仇雪恨。尤其是先王達日聶斯與父王囊日松贊之時，納入悉補野治下的小邦部落尋找機會，接連發生叛離悉補野的事變。松

贊干布時期，瓊波‧邦賽蘇孜也曾準備發動陰謀叛亂。鑒於這些不穩定的因素，松贊干布意識到，一定要建立發展藏民族文化和統一思想的支柱。當時，亞洲文化發達的東方唐朝、南方印度、西方尼泊爾、北方于闐等吐蕃周鄰國家正是佛教興旺、聲名遠颺之時，松贊干布從很早以前就已聞悉他們的盛名。他想：從漢、尼兩國迎娶的兩位王妃篤信佛法，分別請來了以金色釋迦牟尼與覺臥不動金剛佛像為首的許多身、語、意聖緣；大臣吞爾桑布扎從印度帶來和翻譯了多部大乘佛教經典，多種條件已經具備。在兩位王妃的請求下，首先在吐蕃中心地拉薩修建祖拉康（佛殿）。

關於在拉薩修建大小二昭寺的條件，據《教法史》說：文成公主來到拉薩小昭寺之地時，拖載釋迦牟尼像的車陷進沙灘裡，文成公主根據漢曆推算出藏區的地形如羅剎女仰臥的形狀，臥塘措湖（今大昭寺所在地）是羅剎女的心臟，是惡趣之門，須在上修建佛殿供奉釋迦牟尼佛像才能鎮住。此外，文成公主還提出了制服八地煞的方法。隨後她又主持修建了大、小昭寺。當時，大昭寺共有八座佛殿，東南邊的角樓中有吉祥天女（班丹拉姆）的神殿。

從此，大昭寺成為西藏佛教發展的基地。大昭寺的建成不僅使吐蕃佛教得到了發展，而且成為漢、藏、蒙等兄弟民族關係的紐帶，為中國的統一事業和民族團結做出了不可磨滅的貢獻。松贊干布時期，在吐蕃開創發展佛教之規，在他的領導下為臣民製定了十善法、在家道德規範十六條。與此同時，從印度、漢地、波斯、尼泊爾、于闐等國家和地區引進工藝、醫藥、曆法等優秀文化，逐漸開始了文化交流。從此，藏民族的文化、法律、科學技術等各個方面比以前有了很大發展。

六、開拓疆域，發展吐蕃經濟

松贊干布是一位遠見卓識、豁達大度的人。他深深地認識到，如果一個民族要發展，必須吸收和借鑑世界上任何一切先進文化和經驗。在統一吐蕃和擴大勢力範圍的條件下，松贊干布與周邊鄰國建立了廣泛連繫，為鞏固和發展剛剛建立起來的吐蕃政治、文化、軍事和社會經濟做出了卓越成績。《弟吳教法源流》在講述松贊干布的偉大功績時提到：「拉堅凱堅」，其中「凱堅」指八個市場，上部三個市場是：突厥、回紇、尼泊爾；下部三市是：葛邏祿（藍眼突厥）、絨絨、丹瑪；中部二市是二東東大集市、北商市。

松贊干布通過從漢地、尼泊爾迎娶王妃，召集能工巧匠修建佛殿，提高發展藏族的古典建築工藝；從印度獲取字樣創造藏文，從四方鄰國翻譯佛教經典，促進了藏族文化的發展。尤其是同東方大國唐朝建立了親密關係，並借鑑和學習唐王朝的經驗，制定了吐蕃政治和軍事管理體制。

當時吐蕃廣泛開創了各種物質交換的商道，逐漸趨向繁榮，依靠商品交換進一步推動了吐蕃農牧業生產，人民的生活日益提高，開始了吐蕃社會經濟發展的新時代。

七、建立了唐蕃間的友好關係

藏王松贊干布親自開創的唐蕃間的關係和當時周圍其他鄰國之間形成的關係有所不同。建立於吐蕃王朝時的大昭寺門前的《甥舅會盟

碑》記載了唐蕃間的關係，碑文：「東方有漢，大海之內東邊之王，異與南尼（泊爾），純良風俗，經藉著稱，故與蕃為敵乎，為友伴？初，漢王居都城，其大唐之政已二十三年，一代王之後，聖神贊普墀松德贊與大唐文武孝德皇帝二主商議，社稷如一。貞觀之年，娶文成公主為王后。」從文成公主進藏至立碑之間，唐蕃已有二百年的親密關係，反映唐蕃密切友好關係的簡略歷史記載，現在完全可以看到。贊普時代的碑文表明漢藏兩個民族的關係是和其他鄰國之間的關係不同，這種深厚關係是從松贊干布開始的。

據藏文史藉記載，松贊干布十八歲時（西元 634 年），派遣使臣去向唐太宗獻賀禮，唐太宗也派金書使臣向吐蕃贊普致謝，開始建立了唐蕃之前的官方連繫。當時，松贊干布從使臣那裡獲悉唐太宗準備將公主嫁給突厥王，於是開始派使臣攜帶重禮去長安，請求唐太宗將公主嫁給贊普作王后，唐太宗未答應請婚。松贊干布大怒，率兵攻打已成為唐朝附屬的吐谷渾，吐谷渾王兵敗逃至青海北部，吐蕃軍盡取其貨畜。之後，攻破党項、白蘭羌、麗江（絳）等地，贊普親率二十萬大軍入寇松州，在此贊普派使者去唐朝貢金甲請婚，謂左右曰：「公主不至，我具深入」。但是唐太宗仍未答應，派都智韓威帶領極少兵力反擊吐蕃軍，反被吐蕃打敗。當時，漢屬之地南詔皆叛唐歸蕃。在這種情況下，唐太宗詔令右武衛大將軍牛進達率領五萬兵進討吐蕃軍，夜襲駐紮在松州的吐蕃營地，斬吐蕃軍首級千名。吐蕃軍始懼引去。《新唐書》說：「初東寇地，連歲不解，其大臣請返國，不聽，自殺者八人。至是弄贊始懼，引而去」。[4]吐蕃撤兵後，贊普再次

4　《唐書》卷二百一十六上，吐蕃上。藏文本，第 11 頁。

派使者向唐朝謝罪，並請婚，唐太宗基本上答應了請婚。貞觀十五年（西元 641 年），藏曆鐵牛年，文成公主從唐朝都城長安出發來到吐蕃。

《漢藏史集——賢者喜樂》說：松贊干布派聰明有識的蕃人澤聶丹、朗措頓勒、恰迦東貢、達彌達喀等四人，賜給八個銀套金帕如，每人一個金帕如，盤纏沙金半升等。對他們說：你們到漢地去，學習對吐蕃有益的典籍。以前吐蕃、印、漢的曆法不盛行，故要獲得測算生命、四季之算，必須接觸漢地，你們要努力學習，一定給以重賞。他們四人來到漢地後，先拜四位學者為師，向其中精通推算季節的嘉赤摩訶衍那學習了一年零七個月的時間，其他幾大部沒有全面傳授，只傳授了《續明燈》、《邦嘉喇嘛》、《天地尋跡》、《信弦圖表》。吐蕃四名聰明青年學會卜算生命與四季的知識後，結伴返回吐蕃。恰迦東貢精通漢族一切曆算，其子名為恰迦嘉措，他們父子都作為贊普的卜算師。此乃吐蕃發展漢曆之始。

唐太宗駕崩後，唐高宗於永和元年（西元 649 年），藏曆土雞年嗣位。提升松贊干布「附巴都尉」的爵位和「西海郡王」之王位。松贊干布通過唐朝官員長孫無忌向唐高宗上書說：「天子初印位，下有不忠者，願勒兵赴國共討之。並獻金鵝十五種以薦昭陵」。[5]之後，唐高宗向松贊干布封「賓王」之爵位，不僅按漢地風俗設宴慶賀，且依吐蕃的願望，派去多名養蠶者和玻璃工匠、釀酒師、石磨工匠等。松贊干布去世後，唐高宗遣使者去吊祀，按照漢俗在贊普陵前祭祀。

5　《唐書》卷二百一十六上，吐蕃上。

貢松貢贊和芒松芒贊

贊普貢松貢贊是松贊干布和芒妃墀嘉之子，娶吐谷渾妃芒姆傑為王后，生下芒松芒贊。貢松貢贊逝於父親松贊干布之前。芒松芒贊生於西元六四六年（火馬年），由於他尚年幼，內外事務皆由大相噶爾‧東贊域松決斷，即十八年間，噶爾連續護持吐蕃贊普的政務。芒松芒贊娶沒盧氏墀瑪倫為王后。芒松芒贊執政五年，西元六五四年（木虎年），大相噶爾‧東贊域松在芒布沙宗（堆隆芒浦）地方召集屬下首領，開創了「集會」。集會上噶爾‧東贊域松將臣民百姓分成特殊臣民和一般臣民兩大類。妥善安排各自的工作，征發戶丁、糧食勞役，在完成劃分親權和馴奴的準備工作後，次年在「廓爾德」地方，起草了法律條文。此後，從芒松芒贊晚年開始，每年集會議盟，在大倫主持下，召集各有關首領議定政務大事，軍事檢查和農牧業的計算法推噶、斗噶，形成集會制度。

贊普芒松芒贊時期，不斷擴大唐蕃間的關係，互派友好使者。這些友好使者的往來，加深了漢藏兩個民族之間的相互理解和友好親密的關係。儘管有時也因漢藏交界的吐谷渾和南詔等小邦的事，唐蕃發

生爭執進行戰爭，但是後來仍然能和平相處。

　　芒松芒贊在位期間，在主要的國政措施方面，純熟的大相噶爾·東贊域松貫徹執行松贊干布的英明政策和事業，使吐蕃社會安定，農牧業生產步入正確的管理軌道；建立並發展了與鄰邦的貿易關係，經濟收入增加，社會、軍事制度趨於完善，而且更加關心和積極發展唐蕃關係。另一方面，在固守邊防，擴大疆域，增加所屬臣民方面做出了很大貢獻。

贊普都松芒波傑

　　都松芒波傑王的全名是「都松芒波杰倫納墀王」。他是芒松芒贊
王和王后沒廬氏墀瑪倫所生之子，西元六七六年，火鼠年誕生於拉
隆。是年冬季，父王芒松芒贊薨，秘喪三年，始為都松芒波傑上贊普
之尊號，母親墀瑪倫代理攝政。都松芒波傑娶欽木氏（琛氏）贊姆多
為王后。噶爾・東贊域松的長子贊聶頓布擔任大相。贊聶頓布去世
後，任命東贊域松的次子欽陵贊婆為大相。噶爾・東贊域松父子三人
先後擔任大相，他們為吐蕃的政治、經濟、軍事等建立了功勳。但是
隨著他們成績顯著，傲慢情緒不斷滋長。至此，噶爾的後代驕傲思想
越來越嚴重，吐蕃臣民們懼怕而敬奉之。噶爾・東贊域松的子孫們表
面上對都松芒波傑王畢恭畢敬，實際上專橫跋扈，君臣之間的矛盾日
益尖銳。西元六九八年，土狗年夏，都松芒波傑巡臨北方，大相欽陵
贊婆出兵多麥大小宗喀地區。是年冬天，贊普治罪噶爾・欽陵，廢除
其大相職位。翌年，都松芒波傑在「扎」的「恰蔡」地方，清查獲罪
家族的財產帳目，將噶爾家族的財產全部收歸王室。

　　都松芒波傑之時，唐蕃之間互派使者，吐蕃不斷從漢地引進茶

葉、瓷器和各種樂器等，兩國建立了經濟技術和文化交流關係。這期間，吐蕃盛行茶葉和碗等瓷器，這在《紅史》和有關茶、碗品種的論著中記載頗詳。

都松芒波傑從鐵鼠年（西元 700 年）開始，親自指揮，出兵松州、洮州等大唐地界。水兔年（西元 703 年），贊普率兵攻占南詔。次年（704 年），駐兵於南詔附近名叫「約」的雲南地區。是年冬，都松芒波傑在南詔去世。

贊普墀德祖贊

贊普墀德祖贊墨阿蔥是贊普都松芒波傑與琛氏贊姆多之子，木龍年（西元 704 年）春，生於蔡頗章，本名「嘉祖茹」。西元七〇四年冬，父王都松芒波傑薨後，由於王子尚幼，內外政務皆由王太后，即父王都松芒波傑的母親與墨阿蔥的祖母沒盧墀瑪倫攝理。木蛇年（西元 705 年），以岱仁巴努囊扎與凱甘多囊為首反叛，贊普派兵在苯姆那拉孜地方殺死叛臣岱仁巴等人，平定了叛亂。是年冬，贊普任命庫‧芒波傑拉松為大相。但是，此事立刻傳到祖母墀瑪倫耳中。不久在林仁園治罪庫‧芒波傑拉松，任命韋‧墀素香聶為大相。這年，贊普出兵鎮壓了「悉立」等小邦叛臣。土雞年（西元 709 年）逮捕悉立王。從此，王權穩固，吐蕃社會安定。

關於墀德祖讚的王后唐朝宗室之女金城公主進藏的年代，許多學者都在經過研究後斷定是西元七一〇年，藏曆鐵狗年，迎娶公主的贊普是墀德祖贊墨阿蔥本人。據《敦煌本吐蕃歷史文書‧大事紀年》記載：「狗年（西元 710 年），贊普（墀德祖贊）駐於跋布川，祖母（墀瑪倫）駐於『仲』地。於赤帕塘議盟，派人準備贊姆公主（金城公

主）來蕃之器物，以尚·贊多熱拉欽等人為迎婚使者，贊姆金城公主至邏娑（拉薩）之鹿園。冬，贊普仇儷（墀德祖贊與金城公主）駐於扎瑪爾、祖母（墀瑪倫）駐於拉崗雜。在多麥的丹瑪孜納木尤，尚·嘉多與達格日雜集會議盟。」[6]歷史記載，西元七一〇年，鐵狗年，吐蕃大臣尚·贊多熱拉欽（《唐書》作「尚贊出名悉臘」）作為吐蕃迎娶金城公主的婚使來到唐朝都城長安，敬獻禮品請婚，皇帝許嫁宗室之女金城公主，且舉行盛大宴會招待吐蕃使臣。唐中宗為唐蕃之間的政治友好，決定把金城公主作為友誼使者嫁給吐蕃贊普。關於金城公主的嫁妝，《西藏王統記》記載：「帝賜無數遠行之禮物，親率百官送金城公主至始平縣之城堡。於此支帳，為吐蕃使臣設盛宴。帝亦悲涕噓欷，為赦始平縣，罪死皆免，賜民繇賦一年，改縣為金城。」[7]金城公主在吐蕃組織人力翻譯了多部佛法經典和醫藥、曆算書籍，傳播發展了各種器樂，豐富了吐蕃文化。總之，唐蕃之間親上加親，民族關係進一步加強。

　　墀德祖贊的卒年在西元七五四年，木馬年，他駕臨羊卓扎蔡後去世，實際上是被大臣巴·吉桑東贊與朗·彌素二人所殺。

6　《敦煌本吐蕃歷史文書·大事紀年》第 26 頁。
7　《西藏王統記》鉛印本，第 197 頁。

第五節

贊普墀松德贊

墀松德贊是悉補野世系中政績宏偉，為吐蕃的繁榮富強做出過偉大貢獻，在政教兩方面都具有一定權勢的一位贊普，被譽為「祖孫三法王」之一。他生於西元七四二年，水馬年，墀德祖贊與那囊氏芒波傑之子，降生於扎瑪。

一、墀松德贊主要政績

墀松德贊十三歲時，西元七五四年，木馬年，大臣巴・吉桑東贊與朗・彌素二人暗殺了父王墀德祖贊準備叛亂。此事被大臣達扎祿恭察覺，稟告了墀松德贊王。翌年，以兵力粉碎了殺害父王的劊子手，重新任命曾由朗、巴二氏所管轄三個千戶的千戶長，朗、巴二氏的幫兇奴僕皆被驅逐，處治了這次陰謀活動的罪魁禍首。冬末，尚・嘉素負責在惹達廓地方召集會盟，清查朗、巴二氏所留下的財產。西元七五六年，火猴年，臣民們為贊普上尊號為「墀松德贊」。贊普開始

施政，詔諭四方屬民，從此正式開始了統治。

　　墀松德贊執政之初，在大倫囊協達贊、尚琛氏・嘉素謝塘、吉桑嘉貢、尚・東贊、章・嘉扎勒素、韋・贊協多倫、倫墀扎達察、達扎祿恭等賢明勇敢的眾尚倫的輔佐下，國政日益昌盛，唐蕃關係不斷加深，經常互派使者上書送禮。雖然，偶爾也有幾次戰爭，都被調和。西元七六二年，水虎年，尚・嘉素與倫・達扎祿恭、尚・東贊等人率兵十萬，攻戰了唐朝都城長安，代宗帝出逃陝州，吐蕃軍據守長安十五日後撤出。這次戰爭，漢藏史書都有相同的記載。

　　《賢者喜宴》對墀松德贊在位時期贊普的權勢是這樣說的：「……（吐蕃）東抵昂宿星升起之有萬座門的京師城，南接軫宿升起之地，立碑於恆河之濱，控制世界三分之二地方。」[8]《白史》詳細地記載：印度北部與尼泊爾等地皆置於吐蕃治下。有許多觸及西部波斯與北方于闐等地的歷史遺跡。根據教法史所說，當時大臣桂・墀桑雅拉負責制定法律，內容包括醫療賠償命價標準法、婚姻離異法、受誣辯冤法等，觸及法律時，上呈文牘中有：強賽、蛇頭、黑焰、添強、錐嘴，總稱為「告單方面五簽牘」。判決書有：桑雅、蓋查、喀瑪等三種，被視「法律三簽牘」，加上「一般處罰簽」條，共九種。

　　墀松德讚的大臣聶・達贊頓素首先規定每一民戶要養一匹馬、一頭犏牛、一頭乳牛、一頭黃牛，創夏季割青草、曬乾備冬之先例，故被稱為吐蕃七良臣之一。[9]總之，聶・達贊頓素在發展牧業生產方面

8　《賢者喜宴》第 377 頁。

9　《賢者喜宴》第 378 頁。

成績顯著，表現了當時吐蕃法律趨於詳細，生產事務得到重視。

二、迎請寂護、蓮花生大師弘傳佛教

墀松德贊在吐蕃發展佛教的情況如下：贊普松贊干布時期，佛教開始在吐蕃傳播。後來，芒松芒贊和都松芒波傑兩代贊普時期，佛教都未能得到發展。贊普墀德祖贊為了重新發展佛教，派人去唐朝京城長安請來經典一千部。這些雖然同尼泊爾墀尊公主和唐文成公主兩位王后前後進藏有關。但是，原始本教在吐蕃人們的心里根深蒂固，絕大多數臣民仇視佛教。為了尋求佛典，巴·薩囊請贊普允准他去印度、尼泊爾求法。墀松德贊答應其請求，遣他去了芒域（今吉隆縣）。表面上則向諸臣說，巴·薩囊在尼泊爾拜見了大宗師菩提薩埵（寂護），經尼泊爾王同意後，他還請寂護至芒域，修建了兩所拉康。因當時發展佛教的條件還不成熟，寂護答應以後再去吐蕃傳法，此時暫回尼泊爾。

在此前後，巴·薩囊從芒域返回故土，派了一位使者拜見贊普，報告寂護的情況。贊普安排巴·薩囊住在隆粗宮，薩囊施禮謝恩。贊普諭示薩囊說：「薩囊，如果你誠心奉行佛法，不懼怕瑪尚將你驅逐？」巴·薩囊回答說：「我駐於芒域上部，故與驅逐一樣。」時機成熟時，在隱居地，巴·薩囊對贊普說：「應該奉行佛法。」遂報告了堪布菩提薩埵即寂護的才識德行和堪布所說的一切話。贊普為了巴·薩囊的安全，對他說：「如果這話被人聽到，尚倫們會來殺你，我暗中同尚·娘桑商量，立刻讓人去問尚倫告知，你暫時回家隱藏起

來。」

此時，以前父王墀德祖贊派去漢地取經的桑西等人辦成事後返回
吐蕃，把唐朝皇帝的書信、禮物呈獻贊普，贊普敕封桑西為大倫之
職。據說，由於時機不成熟，桑西把從內地帶來的經典暫時藏在岩穴
中。

其後，贊普與尚·娘桑、大倫桂氏等信佛大臣集會商議如何發展
佛教。贊普在大臣集會上再次詔諭：「在吐蕃必須發展佛教。」派人
把巴·薩囊從家中召來，問：「印度與尼泊爾的堪布中誰是最精通佛
法的上師？」巴·薩囊答道：「薩霍爾王子比丘寂護是一位精通佛典
的賢哲，現住尼泊爾。」贊普說：「派你去尼泊爾，一定要請來這位
賢者。」並賜予寫給尼泊王的書信。巴·薩囊奉命帶著書信來到尼泊
爾，同尼泊爾王一起請求堪布寂護去吐蕃。寂護答應請求，帶領一名
尼泊爾譯師作為侍從來到芒域。贊普獲悉後，派遣內侍朗卓·囊惹、
聶·達贊東素、章·嘉勒素三人去芒域迎接，將堪布寂護迎請到大昭
寺。據藏史記載：「之後，在隆粗宮，寂護論師由迦濕彌羅阿難達作
翻譯講授《十二善經》、《十八律》、《十二因緣經》等。數月過後，
旁塘宗殿被水沖毀，紅山被雷擊，人病畜瘟，年荒受災。吐蕃臣民詛
咒說：「此乃贊普信奉佛法的報應，提出驅逐遊學僧人，禁止其傳
法。」[10]在人言的壓力下，贊普賞給寂護論師黃金多兩，對他說：「我
福小命薄，吐蕃貪戀黑本教，故難棄本教信佛。請堪布暫回尼泊爾，
以後找出辦法，條件成熟後，立刻派人請你回來。」寂護論師回答
說：「（贊普）若不降伏吐蕃的凶神惡鬼，難弘佛法。為此，須得去

10 《賢者喜宴》第316頁。

迎請鄔堅王子蓮花生，若他不來，就說我請他。以後，王的心願成就，吐蕃佛法就會鞏固。」根據臣民的要求，遊學僧寂護論師離開了吐蕃。

其後，巴‧薩囊奉命出使唐朝，向大唐皇帝請求派和尚去吐蕃傳法授教。皇帝召了和尚向巴‧薩囊傳授教法經典，並給予了十分厚重的賞賜。據《巴協》說：巴‧薩囊自唐返蕃不久，贊普下詔：「現在該去請回寂護論師。」巴‧薩囊奉命去尼泊爾迎請寂護，在芒域遇見了寂護論師請來的蓮花生大師，返回吐蕃途中，蓮花生顯示神通降伏了本教的護法神。見到贊普後，堪布說：「現在蓮花生已降伏了往昔本教的護法神，以及不讓贊普信佛的施惡多端、製造障礙的凶神惡魔，故請其本蕃傳教，若爾，能夠建成佛寺，實現贊普的心願。」軌範師蓮花生繪製了一幅壇城圖，給內侍拉隆措協年勒做了一個圓光塔，然後指著圓光，使其說出了吐蕃所有天龍，非人鬼神的名字，並且道出了水毀旁塘宮是雅拉香波山神所為，雷擊紅山是念青唐古拉山神所為。災荒、人病、畜瘟是永寧十二地母所為。第二天，蓮花生召集家庭高貴而且子孫、父母、祖父母俱全的十人，做圓光法事，從中做四大天王的圓光法，使凶頑的神龍附身於人，蓮花生對他們指責降伏，對其中善良者，由菩提薩埵說法，使他們皈依佛法；對其頑梗不化者，由蓮花生燒施護摩，使他們馴服。據說，除降伏這些神祇外，還在素浦江俄園降伏了地祇女龍神卓素堅和雅拉香波山神等。

蓮花生大師說：「為使吐蕃黎民幸福快樂，從瞻婆拉（財神）取財物，使吐蕃具有世間多種財源，在昂雪等缺水處掘水，變山坡河區為田地，以農田養全蕃人。行雅魯藏布江水下流，變沙灘為森林，成草地，使吐蕃諸惡者成為善者。」在小型議盟會上，君臣商議，測試

願望能否實現。這時，蓮花生大師顯示了許多奇異神通。小型會議議定：「這些事先不進行，又動員他們回印度⋯⋯」。贊普為寂護、蓮花生將要離去非常不愉快，賞賜了豐富黃金禮品。蓮花生離開前在札瑪臥布園為君臣二十一人傳授《口訣見鬘》；將多部甚深秘典埋為伏藏；並向贊普講授了許多教訣和大乘密咒、十萬部金剛橛法，祈願往升色究竟天，完成剩餘的燒施儀軌後離去。

三、興建桑耶寺

《巴協》記載修建桑耶寺的情況是：「若爾，舉行相地儀式，然後，舉行破土儀式，由四名子女、父母、祖父母俱全的貴族，加上贊普共計五人身著盛裝來到工地參加儀式。首先，墀松德贊王手持金鎬，掘土三次，接著其他四人輪流挖掘。首先建成南面的阿利耶巴洛洲（丹增拉康）。恆康布哈爾背來一工布貢孜硃砂，或名『納堪硃砂』的顏料，手持一把毛筆說：贍部洲中唯我精通泥塑像與繪畫，若說修建吐蕃王寺，我知道形狀。於是，贊普召他畫像。雕塑佛像的工匠說：印度、漢地之中選哪國風格修建？（贊普與眾臣、堪布）商議，堪布說：佛出自印度，故按印度風格修建。贊普說：『若按吐蕃風格修建，對喜好本教的吐蕃民眾轉而奉佛教有好處。』所以應按吐蕃風格建造佛像。召集全體蕃民，按照吐蕃風格建造。修造吐蕃人形象，找模型時召集蕃民，從中選出了體型較好的庫・達察為模特兒，修建阿利耶巴洛洲喀惹薩波尼；以塘桑達倫為模型，右選六字真言；以瑪桑貢為模型，雕造馬頭明王門警，以天女形象的竊窕婦女覺熱王妃拉布曼為模型，右造度母像；以覺熱妃及瓊為模型，左造具光佛母

像。」[11]

　　據說，桑耶寺是仿照印度鄔堅布日寺修建的。頂層按照印度風格修建，木質結構；中層依照漢地風格，磚瓦結構；底層是吐蕃風格的石頭結構。取名「桑耶樓松彌居倫珠祖拉康（桑耶三規永固殿）」。

四、七覺士出家為僧

　　墀松德贊心想：佛教的興盛是依靠僧團掌管的。他對寂護論師說：「為了佛教以後在吐蕃興旺發達，須建立僧團組織。」派遣朗卓囊協、聶·達贊東素、桑廓·拉隆素、琛·邁拉等人去印度，從止迦瑪希拉寺迎請小乘佛教說一切有部的十二名比丘僧至吐蕃受戒。贊普問：「我吐蕃無比丘僧。我的尚倫們可否為比丘僧？」寂護答道：「可否為僧，測試再定。」為了測試是否合適，首先試度七人出家，稱他們為「七覺士」。著名歷史學家巴俄·祖拉陳瓦認為當時寂護擔任堪布試度巴·熱特納、巴·薩囊、恩蘭·嘉哇曲央、拉隆·惹覺央、瑪班·仁青卻、拉松·絳曲嘉瓦、巴廓·貝惹雜納等七人出家。

五、頓門派與漸門派之諍

　　墀松德贊時期，住在扎瑪爾的漢族和尚禪宗軌範師摩訶衍那說：

---

11 《賢者喜宴》第 336-337 頁。

「無需身、語之法行，以身、語之善行不能成佛。」住於無念、心不生分別，才能成佛。並教人修禪定。由於和尚所傳法易修，吐蕃全體僧尼都改修他所傳法。唯有巴・熱特納與貝惹雜納等少數人忠心信奉寂護傳法。由於兩派的觀點分歧很大，導致了僧人之間的大辨諍，歷史上稱這次辨證為「頓漸之諍」。頓、漸是漢語的稱呼，他們的區別是：「頓門」者，示法之義，或者剎那成就之法；「漸門」者，逐漸修成之法，即為了獲得佛果成佛，淨除二障，逐漸依靠積累二資量的苦行，最後獲得殊勝果之義。墀松德贊王說：「見行雙運之法乃是漸門派」。因此，激怒了頓門派和尚摩訶衍那的弟子娘・聶彌、聶・切瑪拉、歐仁波且、漢族和尚梅國捨身自縊。其他門徒則手持利刃，揚言首先殺盡漸門派人，然後自殺。贊普將頓、漸兩派的僧人各自分開，派人看守，進行教訓。並派人召回益希旺波商議。按照益希旺波的請求，立即派使者去尼泊爾迎請寂護的學生阿闍黎蓮花戒（噶瑪拉希拉）。後來，在桑耶寺設臺辯論，墀松德贊王居辯臺中間，和尚摩訶衍那居右，其下手是頓門派門徒，按班就座，他們依次是覺姆降曲與斯・央達、班第朗迦等人。蓮花戒居贊普左側，其下面列坐著漸門派門徒巴・貝央、貝惹雜納、益希娘波等少數人。贊普將花環呈獻給蓮花戒與摩訶衍那，以及兩派的各位弟子，講述了佛教在吐蕃的傳播發展情況與頓、漸兩派發生爭執的原因，下令說：「請兩位堪布比試各自的見解之源與理由，若誰能取勝，即由負者一方按法規向勝者一方呈獻花環認負。」辯論的結果頓門派認輸，他們將花環獻給漸門派僧人。據說頓門派門徒覺・瑪瑪辯論結束後自殺自亡。於是，贊普墀松德贊下令說：「從今以後，在吐蕃不准推行頓門派的教法，蕃人『見』應依龍樹的宗規，『行』當依六波羅密多。」

六、宇妥寧瑪・雲丹貢波

宇妥雲丹貢波是父王都松芒波傑的神醫宇妥瓊波多傑和嘉薩曲仲之子，西元七○八年，土猴年，生在「堆龍吉那」，取名為「宇妥雲丹貢波」。宇妥雲丹貢波遵從父命，加強對醫藥知識的學習，抓緊一切時間為許多病患者看病，被讚譽為「第二神醫雲丹貢波」。這時，他的德行和高超的醫療技術、淵博的知識美譽傳到父王墀德祖贊耳中，贊普親自派人將他請到桑耶扎瑪宮，為了測試他的醫療技術，首先讓他與贊普的大神醫章底・嘉聶喀浦等各位良醫就醫學理論進行辯論。當時，宇妥雲丹貢波不僅辯論獲勝，而且治好了當地一位其他醫師久治未癒的肺癆病患者。同時，還治癒了贊普的眼睛和牙齒疾病。贊普十分喜歡宇妥寧瑪，任命他為父王墀德祖贊墨阿蔥與王子墀松德讚的神醫（太醫）。

宇妥雲丹貢波到了成年，思維能力成熟。他認為若要發展吐蕃醫學，首先要掌握本民族醫學的不同特點。在此基礎上，學習其他民族的優秀文化，使本民族醫學更加完善。他三次去印度學醫，歷時九年零八個多月。其間，他依止尼泊爾大醫師巴納寶利羅哈和印度大學者班欽旃扎第瓦（旃檀陀羅第瓦）、邁旺等一二七位阿闍黎聞習了許多醫學知識，尤其從尼泊爾醫師巴納寶利羅哈學習《治療秘法量門》與《氣、胎臟、休養口訣》；從班智達旃枝檀陀羅第瓦和賢者邁旺學習《讀補遺寶通》、《明密記錄》，以及續支分部方面內、外、秘與《美味幻鏡》、《直指體腔秘分》等醫典。宇妥高興地返回吐蕃，贊普也為他學到如此多的醫學知識而高興，宣傳宇妥的成績。特別是宇妥巴通過對吐蕃全部醫學和班智達、譯師們前後翻譯，撰寫了一部具有

理論體系，適合本民族環境，頗具特點的醫學論著《甘露要義秘訣竅續》。此外，還撰寫了《驗方利見》、《醫求珍珠串》、《三種精深》等續的支分和醫著多部。他的這幾部論著為推動和發展吐蕃醫學做出了不可估量的偉大貢獻。

宇妥寧瑪五十五歲時，帶領德哇貝等主要門徒來到工布曼隆地方，創建了一座非常別緻的醫學寺院，招收培養了三百多名醫學人才。在這裡，他主要講授自己撰寫的《甘露要義秘訣竅續》，兼授印度、漢地、吐蕃等地的譯師、班智達前後翻譯、撰寫的有關醫學理論著作。根據學生所掌握的理論和實踐知識程度規定醫學學位：曼巴本熱巴（相似於主任醫師）、饒強巴（相似於主治醫師）、噶層巴（相當於醫師）、都惹瓦（相當於醫生），授予不同程度的人。

宇妥寧瑪·雲丹貢波年邁八旬時，還經常帶領門徒去咱日、多康打箭爐、岡底斯雪山、尼泊爾等地行醫治病，傳授醫術。西元八三二年，水鼠年去世，享年一二五歲。

王子牟尼贊普

　　《賢者喜宴》記載，墀松德贊王與王后蔡邦氏梅脫仲共有四位王子，長子牟墀松波夭折，次子牟尼贊普，三子牟迪茹贊普，幼子墀德松贊。據說，墀松德贊五十五歲時，退位到松喀爾娘瑪蔡宮修行，立次子牟尼贊普為王，當時是西元七九六年。

　　牟尼繼位後不久碰到的第一件大事是，在王宮近侍之中，佛本之諍的矛盾非常尖銳。《巴協》中比較詳細地記載了墀松德贊去世後，是信奉本教還是信奉其他教派的辯論，尤其是在舉行父王的超薦活動上佛本之諍展開尖銳的鬥爭。後來，僧人們依止天子離垢經清淨頂髻之咒，按照法規（佛教風俗）進行超薦，舉行了盛大的天子墀松德讚的超度活動。其後，牟尼贊普和貝惹雜納、嘉姆宇扎娘波三人於藍迦達姆惹地方將了義教法的經義、口訣全部從梵文譯成藏文。牟尼贊普宣佈了義教法甚深經義口訣為合格經義，其中部分經典藏在桑耶寺烏則森康大殿的黑匣中。

第七節
墀德松贊賽那勒

墀德松贊是墀松德贊王和蔡邦氏梅脫仲所生的第四個王子，他又
名賽那勒江云。

贊普墀德松贊共有沒盧氏墀姆勒與琛氏嘉薩勒姆贊、覺蔥氏贊嘉
三位王妃。贊普墀德松讚的三大功績中，第一，是在贊普世系中，將
古代歷史刻在石頭上，留作後代傳誦。其重大成績在碑刻中有記載，
為：噶瓊祖拉康碑、衛堆夏拉康的兩塊碑、工布第穆摩崖石刻、康區
強敦摩崖石刻，瓊敦墓碑等；第二，是維修祖先所建的寺院，新建噶
瓊祖拉康等。父王墀松德贊與胞兄牟尼贊普相繼去世，贊普尚幼期
間，佛教急遽衰退。《巴協》說：「其間，桑耶寺僧人斷糧散落，失
去寺院的模樣，祖拉康根基堆滿鼠屎，房門被盜。」[12]後來，贊普成
年後，修復了桑耶寺，恢復了對僧人的供應，各種修供開始照常進
行。《娘氏教法源流》說：「此王未失祖先之規，恢復祖先之誓願，

---

12 《賢者喜宴》第 407 頁。

裝修寺院，獻供物品，修建了拉薩（大昭寺）之小回廊，所做成績甚多，讚頌出家人之福祿。」[13]墀德松贊還修建噶瓊金剛界等；第三是，翻譯佛法典籍，標明編寫目錄，用法律規定。大約西元八一四年，木馬年，印度和吐蕃的譯師智者們釐定以前從各種語言譯成藏文的大小乘佛教典籍，贊普墀德松贊用法律規定，這可能是三次釐定文字中的第二次，規定翻譯的原則是：(1)必須符合聲明學的原則；(2)不准與佛教經典意義相違背；(3)必須使全體吐蕃人容易理解。另外，還需要了解的翻譯方法和注意事項等，以範例的方式解釋。總之總結了從松贊干開始歷史上翻譯佛教經典的經驗和教訓，開創了翻譯理論。這在藏民族語文和文化發展史上建立了永不磨滅的功績。

贊普墀德松贊時期，進一步加深了漢藏之間的親密關係，相互交還了以前漢藏邊界戰亂中被俘的將領。贊普和唐朝皇帝繼位或死逝之時，雙方常派使臣祝賀或弔祭，藏漢之間使者往來不斷，和平友好的關係成為主流。尤其雙方互派大臣和將領，經常書信往來，磋商過去長期間發生的邊界爭端，和平解決，為藏漢兩個民族之間鋪設了和平相處的良好基礎。這些，在墀德松贊之子墀德巴巾時期立於拉薩大昭寺前面的《甥舅會盟碑》記載說：「聖神贊普墀德松贊心思深遠鴻被，曉明政權之事，以慈愍之恩情，無有內外之分，普及八方，亦會晤四方諸王而和談，與漢地聯姻友好，親如一家，協和社稷如一，甥舅二方相在同心，與唐王文武孝德皇帝會晤和談，明解舊有怨仇，互派使者，互致書信。經常互送禮品，然和談大盟尚未成就，甥舅和談亦未究竟，成為憾事⋯⋯」[14]

---

13 《娘氏教法源流》第 416 頁。
14 《藏族古代文獻選輯》第 12-13 頁。

第八節
贊普墀祖德贊熱巴巾

　　贊普熱巴巾生於西元八〇二年，水馬年。十三歲，西元八一五年，木羊年，嗣繼王位。三十九歲，西元八四一年，鐵雞年去世。

　　墀祖德贊王的主要政績是繼承父王的遺志，和解唐蕃甥舅之間的邊界軍事衝突。在漢藏兩個民族的關係方面，墀祖德贊時期，一方面唐蕃互派使者贈禮不斷加強和談調解，另一方面，派兵爭地守衛邊界，多次發生激烈的軍事衝突。但是，那時唐蕃雙方相互沒有抗衡的能力，激烈的戰爭也只不過是為和談事業創造條件和方便。立於大昭寺門前的《甥舅會盟碑》的大盟碑是「大蕃彝泰九年，大唐長慶三年，陰水兔年仲春十四日，寫碑文。」這年是西元八二三年，是贊普墀祖德贊繼位九年。會盟碑記載了松贊干布至墀祖德贊間近二百年來唐蕃和親友好的歷史，表達了唐蕃不再戰爭，萬代和好的永固誓願。從此，根本上結束了唐蕃之間長期以來所進行的大小規模的戰爭。墀祖德贊時期，不僅為當時唐蕃之間的和平友好關係做出了良好的歷史貢獻，而且為漢藏兩個民族之間發展建立了具有偉大意義的功績。

贊普墀熱巴巾是一位過分尊崇和供養佛教的國王。他在位時期，僧人的權力凌駕於群臣之上，達到了很高的程度，大臣和將軍們不滿情緒高漲，矛盾日臻尖銳，在王宮高級近侍之中發生了重大矛盾。《娘氏教法源流》說：「其後，贊普將小型會議獻給出家者，行政服從佛法；將權力交經僧人，故信奉本教的大臣，徵集一切不適當的賦稅，好淫、盜匪等放蕩行為猖獗，稟告贊普說：『尚倫們完成了一切任務，每年徵集賦稅，將庶民獻給僧人，我們施禮二十一次，卻不還禮。人民都喜歡出家，這樣，如何做事？』答道：贊普召集蕃民僧俗人動員，凡願信奉佛法者，施予大恩惠；禮待問安諸尚倫，賞賜各種物品等不同種類，制定道德規範與佛法戒律。」[15]

　　後來，臣民們「由於施以暴行，受到贊普的嚴令制裁，提出了手指僧人的法令。贊普詔令：若手指我的出家人，豎指則斷其指。臣民們又以手作輕蔑手勢被說成違法，而被割指。他們又用語言嘲罵，贊普又規定：凡惡罵僧人者，割唇；凡惡視僧人者，剜其眼；凡盜竊法器者，以八十倍的財寶賠償等，作為法律執行。」[16]因此，君臣之間，矛盾更加尖銳複雜。

　　以韋‧達納堅為首的一些奸臣們陰謀策劃，「鐵雞年，墀熱巴巾在墨竹夏巴宮，飲葡萄酒至醉，坐在寶座上時，韋‧達納堅與覺熱‧拉倫、勒多贊三名奸臣將其頸骨折斷，把面部扭向背面而死。」[17]

---

15 《娘氏教法源流》第 420 頁。
16 《娘氏教法源流》第 427 頁。
17 《賢者喜宴》第 422 頁。

第九節
贊普朗達瑪鄔都贊

統治全吐蕃的贊普世系中最後一位王是朗達瑪鄔都贊，他是贊普墀德松贊和沒盧氏墀姆勒王后所生之子。朗達瑪生於西元八一五年，藏曆木羊年。

關於朗達瑪滅佛問題，佛教史書中說：「其後，授權與贊普朗達瑪鄔都贊，立為國王，吐蕃臣民中凡仇視佛法者，任命不喜佛法之猴頭韋‧喜多熱為囊倫，任命鵑頭那囊‧嘉察墀松傑為外相。」[18]「爾時，天降霜雹，疾病流行，眾人遂誣衊說『此乃信佛不祥』。並進而滅佛，毀壞拉薩大昭寺，繩繫守門金剛手像之脖頸。不久，繫繩者吐血身亡，寺未能毀壞。又揚言將兩尊釋迦牟尼佛像與慈氏法輪投置於河水，信佛大臣們藉口說已投入河水、設法將佛像藏在各自床下，建立佛堂門，其上繪製僧人飲酒圖。下令毀壞桑耶寺，亦說為發光塔，亦說康松（三界）與烏孜佛殿之間有小黑塔，毀其寺，天降巨雷，毀

---

18 《娘氏教法源流》第 429 頁。

寺者身亡。拉薩大昭寺和桑耶寺先後作為屠宰場，後成狐穴、狼窩，其他佛殿多被毀壞，凡見經書或焚之或投河，有些埋於地下。凡未逃脫的班智達有的被流放門地。瑪‧仁青卻與娘‧定增桑被等多名善士被弒，多數僧人逃往邊地，未逃脫者被迫還俗，不聽者弒之。有的被迫為王臣之上馬臺，有的被迫上山狩獵。」[19]

後來，拉隆貝吉多傑祕密弒害贊普朗達瑪。有關朗達瑪滅佛的原因，有人認為他並沒有把佛法全部滅除，一方面，因為當時吐蕃的領土遼闊，守軍士兵的費用開支不夠；另一方面墀熱巴巾贊普時期，僧人數額龐大，對他們屬下的寺廟百姓不能徵集軍稅，為了解決經濟困難，只得剝奪僧人以及他們的屬民的特權。[20]

---

19 《賢者喜宴》第 425-426 頁。
20 《中國藏學》1988 年第四期。

第四章

西藏分裂時期

額達威宋、雲丹及其後裔的事蹟

一、威宋和雲丹出生年代

　　西藏史書認為，朗達瑪鄔都贊先後迎娶納朗妃（有的稱白偏妃）、蔡邦妃，在贊普駕崩後或駕崩的同時生下了雲丹和威宋二王子。對雲丹的來歷有各種說法，但是大部分史書認為，雲丹並非達瑪之親生王子。如果對當時的很多史料進行認真分析研究，就能充分證明威宋與雲丹的出生年。正如嘎托‧仁增羅布所著《言簡意賅之贊普世系》所述，威宋是在父王朗達瑪駕崩之前，即西元八四二年，水狗年生於雍布拉康；而雲丹則生於父王朗達瑪謝世之後，而西元八四三年，水豬年，他倆之間相差一年的觀點是正確的。朗達瑪駕崩後威宋被擁立為國王。

二、額達威宋和衛如、夭如間的戰亂

　　威宋從幼年起就信奉佛教，他沒有步父王後塵，說明了他不僅受

到了當時社會思潮的影響，而且也受到了其母及尊奉佛教之大臣們的影響。差不多在威宋的晚年，高僧貢巴饒色接受了瑪爾、夭、藏巴等三比丘授的戒律，從此興盛了多麥律學。但是，由於威宋和雲丹各立山頭，致力於爭奪轄區的內戰，因而對在前後藏地區再度興盛佛教沒有起到作用。從政治角度講，朗達瑪鄔都贊滅佛的同時，也削弱了先祖所開創並遵行的法度，一時整個社會動亂，人們不得安寧。特別是兩位「母后派系的臣民相互對峙，各自擁二王子為王，雲丹占據『衛如』，威宋占據『夭如』，衛夭之間時常發生火並。其影響幾乎波及全藏區，在各個地方也隨著出現了大政、小政、眾派、少派、金派、玉派、食肉派和食糌粑派等派系，互相進行紛爭。」[1]以上分割成兩派的情況是衛夭內訌初期的情況。衛夭兩派內訌之戰火蔓延到各地後，加劇了前後藏的分裂，導致了威宋晚年最終被迫撤出，遷到後藏。威宋母親蔡邦妃亦無法繼續滯留該地，也逃往北部，未能帶走史料中所講的贊普時期的「十八大件珍寶物」，這些寶物全落在了雲丹派手中。隨著衛夭兩派之爭，於藏曆土牛（869）年威宋二十三歲之時，引發了平民暴動，又於藏曆士雞 （877）年威宋三十四歲之際，發生了歷代贊普墓被掘事件。

威宋在位期間在政教方面的業績概括起來，四歲時阻止了父王開始的滅佛活動，五歲時在神像前立誓皈依佛門、供奉三寶，七、八歲時西藏東境和北界一些地方被唐朝軍隊收復，二十三歲時發生平民反叛，三十四歲時發生掘墓，三十六歲時佛教在朵康地區有所復燃。但是，由衛夭之爭導致了國政分裂，人們不馴服，戰爭不斷，生產下

1　《賢者喜宴》第 431 頁。

降，又發生多次疾病流行，人畜遭殃，且遇冰雹、霜凍等天災，因此大部分史書稱父子三人為祈福之國王。

三、吐蕃平民反上之亂

1、引起平民起義的原因

　　威宋派和雲丹派在多年鬥爭中保存自己的勢力，削弱對方，利用社會上的其他力量，自覺或不自覺地埋下了引發平民起義的火種。由於兩派長期內訌，群眾生活越來越貧困，戰爭、饑荒、搶掠殘殺等人們不願意看到的事情接連發生。人們無力去抵抗自然災害。由於一切服從於戰爭，對農牧生產帶來了不堪設想的惡果。特別是在朗達瑪時期開始廢除了全藏統一的善法，因而軍官和大臣們沒有任何法律約束，就為了私自的點滴利益，任意向群眾攤派差役，無人關心群眾的疾苦。群眾飽受戰爭之苦，統治者和被統治者之間的貧富差異越來越大，正為大智第吳《宗教源流》中記載，發生平民暴動的主要原因是「王室與貧民之間的這種大懸殊所致」。[2]當時人民群眾在忍無可忍的情況下，為了生存走向反抗的道路是必然的事。

2、各地暴動的情況

　　《賢者喜宴》載：「土牛年兩位贊普長至二十三歲時起逐步發生了暴動……暴動事件首次發生於朵康地區，其首領為韋‧科西來

2　《賢者喜宴》第 413 頁。

登。」[3]朵康地區反叛的消息傳到衛藏時，在衛如地方發生了卓氏和白氏之間的內戰，韋‧羅普羅窮乘機而起。雲丹派系的大臣韋氏乘平民反叛之際深化衛如和夭如的戰亂，想從此來征服威宋派系，但未能如願。這時韋‧羅普羅窮密謀與威宋派系的一些人結黨，導致威宋派系的人反戈，歸順雲丹派。根據巴俄‧祖拉陳瓦的記載，衛如與夭如內訌之事幾乎蔓延到整個藏區，各個地方出現兩個對立的大政和小政，紛爭不斷。

在後藏上部、尼木、番域等地先後出現了民眾暴亂，事件發生地點、土地神等都有清楚的記載，但具體的君王為何人不甚清楚。

1）威宋之子白科贊不能立足於前藏之地，被迫遷移至後藏，勢力有所增強，在仲巴拉孜岩上修建了城堡，修建了卓之門龍等廟宇。白科贊在後藏建立起以自己為王，卓氏與覺氏為臣的君王制。由於歧視被迫遷居到後藏的納氏，對待百姓的態度又不平等，最後白科贊被達孜納弒於仲巴拉孜，白科讚的二公子無法在該地安居，被迫逃至阿里地方。

2）卡熱窮尊等在秀尼木的占嘎爾傑贊地修建城堡，號稱一方王系，任朗氏和娘氏為臣。

3）在澎波薩當地方，修建城堡，以卓氏和瑪氏為臣，建立了一個王系。

4）在上雅隆地方以棋母和納氏為頭人的王系，其城堡建在下納

3　《賢者喜宴》第413頁。

木和上納木兩處。

5）在洛扎洛覺虛地方建立了以尼瓦、許布兩氏為頭人的王系，城堡建在甲全貢朗地方。

6）在瓊結處建立了以秀氏和納氏為頭人的一王系，其城堡建在庫貴覺嘎地方。

3、贊普之陵墓，被瓜分及掘毀

西元八六九年，土牛年，發生民變。九年以後的八七七年，火雞年，許布達孜、納等四大世系共同商議，把贊普墓穴分給各造反的世系，並多被掘毀。

4、民變後的分裂割據局面

在前後藏民變事件發生後一百年左右，各地形成了分割的局面。在各割據勢力統治時期，雖然結束了贊普世系統一治理的歷史，但是大小地域並沒有廢棄王臣與民眾庶民之等級關係，不僅在分割的西藏存在著王臣統治，在朵麥、阿里等地也繼續存在著贊普的統治。前後藏地區發生民變以後，各派霸占一方，統治該地。在一些割據勢力範圍內仍有像贊普時期那樣有君王，也有作為大臣的頭。

西藏分裂的後期，由以下人員構成了統治階級，過去贊普時期有權勢且能保持的一部分人，供奉和依靠一位高僧大德的頭人及屬於寺廟莊園的頭人，這是西藏後弘期中逐步形成的政教合一制定的雛型。

四、民變對西藏社會帶來的利弊

一、利的方面

1）平民揭竿兩起，使統治階層不得不去考慮群眾的生計，群眾在社會不安寧，農牧業生產不景氣的情況下也得到了一點好處。民變也將奴隸制殘餘推向消亡之路。打碎了世襲制留下來的枷鎖，促使氏族之間恩怨無有了時之惡習逐步消除，增強了大多數人的自主權，得以為生計或佛事自由行事。

2）使一度停止發展的熱巴巾等先輩贊普開創的文化，又按先輩贊普的意願得以實現和發展，印度、于闐等地的許多學者來到西藏，結束了一度出現的封閉狀態。

3）西藏分裂割據中期，整個西藏的農牧業有了較大的發展。各地方的手工業、商貿等也有了較大發展。在後藏的古穆、定日、聶朗等地建立了多處商貿市場，上阿里的古格、藏北的羅頂等處開採金礦、山南和昂仁兩地方有了陶瓷業等，西藏的經濟開始有了好轉。

二、弊的方面

1）民變事件使西藏四分五裂，無人統領和關心西藏各方面的事業，許多事業停滯不前，大大削弱了西藏的實力。

2）農牧業生產非常薄弱，又發生多次自然災害，出現饑荒和瘟疫，前後藏許多人不得不逃荒至安多等地。許多人還要忍受戰爭之苦，一片家破人亡，土地荒蕪的悲慘景象，經濟衰落，人口大減。

3）文物受到了嚴重的破壞。

藏傳佛教後弘期的歷史

一、瑪、夭、藏三人逃往康區及拉欽傳略

西元八三四年，朗達瑪鄔都贊在衛藏地區全面實施禁佛時，夭如甘巴強塘的瑪・釋迦牟尼、羅卓的夭・格韋迥乃、甲棋的藏・繞賽等三比丘修行於吉祥曲沃日山。後來，三比丘佯裝乞丐，用一匹騾子馱載戒律經捲逃往異域他鄉。為了弘揚佛法逃往阿里，但他們沒能在該地立足，又逃往突厥地區，該地區有位名叫西繞果恰的居士，把他改名為釋迦西繞，作為僕從帶他一起出走。經過多麥南部的畢日地區鹽湖，抵達了瑪龍多吉札丹頂西寺。當地人看見著僧衣的僧人時感到驚宅，倉皇逃進森林。三人因缺乏食物身體虛弱，幸好有一女居士提供食物，此時三比丘與拉欽貢巴繞賽相會，從此播下了佛教戒律傳揚於衛藏地區的種子。

拉欽貢巴繞賽於西元八三二年在宗卡德康地方出生，俗名叫嘎熱番，曾因信奉本教而取名為穆蘇賽拔兒，因吹燃了佛教之死灰而尊稱拉欽，受戒後得名於堪布，叫格哇賽。

水豬（843）年，他十二歲時正遇上朗達瑪滅佛。長大後在溫恩地方從怒・甲木貝接受傳誦，從師於康・仁慶多吉習修菩提律儀，在吉傑哇祖多處聽受中觀與因明，跟隨朗卡丹強久習修瑜伽部。

他四十九歲時前往丹底寺，與三人相見並由三人授予具足戒。由夭・格迥任堪布、由藏・繞賽任軌範師，由瑪・釋迦任屏教師。根據佛教規定，授戒時在邊地應由五人組成，就派人迎請正在達澤多（康定）的拉隆白多，但他曾因刺殺過國王的理由未參加授戒儀式，而找來格汪和格帕兩名漢人和尚，由他們五人授具足戒，並更名格哇賽，後成為一名知識淵博的佛教人物，故而尊稱為拉欽貢巴繞賽。

後來前往北部甘州木雅西夏人地方，拜果戒森格札為師，習修律藏，獲得四部律典。前往東方的拉孜畢底，拜會了嘎來覺札巴，並從師習修十萬般若波羅密多經和注釋等佛教大乘經卷達十二年之久。拉欽受戒十五年後為衛藏授戒十人而充任堪布，這十人後來成為在衛藏地區弘揚律藏的根本力量。拉欽四十九歲時到丹底寺，在該寺居住了三十五年之久，於藏木豬（915）年圓寂，享年八十四歲。

二、律藏下路弘傳

佛教後弘期始於哪年？有許多不同的說法。嘎托・仁增欽布經過比較研究，認為卓頓・傑哇迥乃所說從鐵雞（841）年滅佛，無佛教長達七十七年，土虎（918）年為佛教後弘期開始之年。《佛曆年鑑》記載：「有關十人的授戒堪布有三種說法，即拉欽，仲・益西堅參，粗・西繞覺。第一種為布頓的看法，就是說十人要求拉欽任堪布，可

拉欽以受戒僅滿五年的理由未許諾；在說明特殊情況後，拉欽許諾任堪布，但要求提出充足理由。這種看法即衛藏十人受戒於拉欽‧貢巴饒賽的看法是正確的。衛藏十人從拉欽‧貢巴饒賽受灌頂後，除魯梅之外其餘人準備動身返回衛藏，魯梅拜仲‧益西堅參為師學習戒律一年。當時堪布對第子今後如何發展功業做了交代，說魯梅通達又奮發，應做堪布；直善於管理，應當尊者；羅頓具威德，應保護佛法；晉尊聰慧應作大師；松巴應去修行等。據傳後來並沒有能按上述吩咐行事。

當時熱西‧催成迥乃的第子和拔‧催成羅追的第子前去迎接時，在康區隆塘的地方與兄相遇，他們因為虛心，故兄長為其剃度出家，授戒堪布為羅頓，軌範師為二人的哥哥。

後來，羅頓‧多吉旺久把其他人暫時留在丹瑪地方，自己與丹瑪商人結伴前往衛藏，臨行前交代說：如果佛教能在衛藏弘揚，我就留在那裡，你們也隨後趕來，不然我就返回這裡。行至松昌時商人欲返回，羅頓勸其繼續前往藏地，商人到達後藏古爾木地方，生產取得成功，此地形成一個名叫古爾木（該地就是今日喀則市嘉措區）的集市。

次年，魯梅向堪布請求准許返回衛藏，並要求賜予他供奉物，堪布賜給他一頂本教徒的皮帽用。魯梅把堪布賜給的帽子後簷捲起來戴在頭上。從此衛十人傳出的弟子都戴這種長簷帽。

其十人中的衛地五人分別建立了寺廟，亦即魯梅在衛如地方建立了拉穆第吳寺，在米曲區建立了拔朗寺，藏曆土雞（西元 949）年，在拉穆地方修建晉寺，次年即鐵狗（950）年，給蘭‧益西拔爾和

俄‧強久迴乃二人授戒。次年，即藏曆鐵豬（957）年修建了耶巴的拔讓寺。珠梅‧催成迴乃等十人出家後，修建聰堆寺。後魯梅從色熱普巴前往塘地的途中去世，次崩在維拔爾地方為魯梅和珠梅修建了靈骨塔。魯梅有香、俄、蘭、珠梅等稱之為四柱的弟子，還有亞姆虛等眾多的弟子。

松巴‧益西羅追在卓薩塘雖建立有米如寺，但沒有能發展起僧人。後魯梅與松巴合二為一，稱為二梁。其弟子們建立門的長爾甘寺等。

直‧益西雲丹建立了昂朗晉姆寺，傳出上部直派，然後據嘎曲和乃塘札納，修建了章熱木其寺，傳出了下直措部，從魯貢分出中直措部，以上三部加上衛地五人中的魯和松之一部稱為衛地四部，為在衛地區發展佛教做出了重大貢獻。

羅頓收徒二十四名，其中釋迦雄羅在德森巴建立了拉堆瑪拉塘，在直倉建立了博朵寺分寺，覺‧西繞多吉建立了頓穆日寺，達‧雄羅尊追建立了達羅寺……晉尊‧西繞森格修建夏魯寺後前往印度，復又受戒。晉尊‧西繞森格有稱之為四柱七梁的弟子，夏魯寺僧人數增至百餘人。

總之，衛藏十人前往多康，從拉欽受戒，衛地人松巴、藏地人俄、傑兄弟倆和烏嘎爾等四人無傳承人，故此後稱衛藏六人，或者稱衛藏五人，因拔、熱兩人視為一人之故。

三、律藏上路弘傳

　　上路戒律主要是在拉喇嘛益西沃的支助下弘揚下來的。據傳預言於顯密教典中的這位聖賢把自己的政權交給弟弟松昂，而自己同兩個兒子一起在釋迦丹巴跟前出家。

　　此後佛教得到了發展。為了消除佛典實踐中遇到的疑惑，從阿裡三圍選拔十歲以下聰慧小孩二十一名去印度。這批小孩臨行時帶去了許多碎黃金，作為向印度國王贈送的禮品和問班智達求教的供奉，並吩咐要從印度迎進滾寧教典，佛教律經、密集兩派的教典，要求不惜付出多少黃金也要把卡其班欽達瑪巴拉和仁欽多吉二人請到西藏來。這些小孩到了印度後，因受不了印度炎熱的氣候，死去了十九人，只有像雄的拉索‧仁欽桑布和布讓的勒貝西繞二人在印度期間共讀佛典，學有成就。他們首先前德科恰爾，習修語言，向贊達哈日求教密集兩派教典，七次修練了三界壇城，達到了很高的證悟境界。他們三次赴印，刻苦修習，精通內外各種知識，所以大譯師仁欽桑布，小譯師勒貝西繞的名字傳揚各地。西藏佛教史上的新密咒就是開始於大譯師仁欽桑布時期，他還按照拉喇嘛益西沃的指示，迎請卡其班智達達瑪巴拉、直達嘎熱瓦瑪、白瑪嘎熱瓦瑪等大學者到西藏。廣泛傳播律經和見行的弟子薩都巴拉、覺俄古那巴拉，扎甲巴拉等三比丘收徒甚多。其中扎甲巴拉的弟子象雄巴‧傑哇西繞在達瑪巴拉前修持，在持律婆羅門直達嘎熱前習修軌範，故二師稱之為道統二師，在西日那拔扎和蘇西日希底二師處聽聞經義，故二師稱之為釋續二師。總之，在阿里弘揚的上述律經統稱之為上路律派。

四、佛教後弘期的班智達

據《賢者喜宴》的記載，後弘期有七十三名班智達入藏，他們為發展佛教，豐富藏族的文化做出了不可磨滅的貢獻。後弘期入藏的班智達都是從拉喇嘛益西沃迎請布甲巴拉開始，到西元一四二六年，藏曆火馬年，班納吉仁欽入藏的大約四二〇年期間來藏的。前弘期從印度班智達貢薩熱首次入藏算起，到日晉來藏為止，共有二十四名班智達來藏。但到衛藏一帶的只有二十二名。

五、佛教後弘期的譯師

據《丹珠爾目錄》所載，先後湧現的譯師共一五七名，他們譯出並勘定了眾多的佛經典籍。[4] 前弘期自吞彌・桑布扎至朗卡迴期間共湧現五十八名譯師，後弘期大譯師仁欽桑布到覺朗・達熱納他以前共有一五七位譯師，到薩迦班智達時又出現了三十五位譯師。除以上之外，僅在西藏分割時期湧現的譯師多達一二二位，比前弘期多兩倍。

4　《丹珠爾目錄》第 161 頁。

西藏分割時期的教派

一、噶當派

噶當教派是將佛祖的三藏律義等一切教言都攝入阿底峽尊者三士道次第的教授之中，作為修習，所以名為噶當巴。

噶當教派創立者仲敦・傑哇迥乃於西元一○○四年（藏曆木龍年）出生在堆龍普雜吉穆地方。十七歲遇上從康區前往印度的尊者賽尊；隨即產生信仰，求得大悲六字的教誡。後來仲從傑之尚納朗・多吉旺秋受居士戒，取名為傑哇迥乃。於西元一○二二年（藏曆水狗年）十九歲時與商人結伴前往朵康的丹瑪地方，投拜賽尊，從與賽尊相聚之日起，他就一心拜賽尊為師。他在賽尊跟前全面地學習了顯密教典，特別是學通了龍樹師徒《中觀根本論》、無著的《慈氏五論》等經典，眾僧人中無人與之匹故。當時庫頓・尊珠雍仲、俄・勒白西二人也出家到該寺，因此，庫、俄、仲的名字首先傳揚於康區。

後來，仲赴阿里，拜見了阿底峽，並贈送貴金，以代贄見禮。阿

底峽手摸仲之頭，用梵語給他祝福、加持、灌頂。之後，仲向阿底峽
請教了三個問題，即一問在印度有哪些班智達？二問我曾學的經典能
否如個人之願？三問要是我留在至尊跟前將又如何？至尊答道：在印
度有許多班智達，我來西藏之後，在東部拜嘎拉地方每天都會出現一
個成道者；你曾學過的法不能使你如願以償，侍奉大師將會帶來時
運；因此你留在我跟前，這是我的天神度母預示給我的，我的侍承其
有福力等。當晚准許與至尊同睡一榻，侃談了許多事情。木雞年（西
元 1045 年）到吉絨住了一年，其後至尊欲往尼泊爾，但國動亂，去
路被阻，未能前往。於是仲藉機稱讚拉薩、桑耶有許多重要寺院，又
有無數僧眾等。對此至尊道：在印度也沒有如此之多的淨行者，那麼
阿羅漢肯定很多吧，並面朝東面叩拜數次。此時仲滿有把握地邀請至
尊到衛地，至尊答曰：我不能違眾人之命，只要他們邀請一定前往。
仲隨即向尚‧釋迦旺秋發出寫有：「形似車軸之世界主……秋季以內
擬赴該地」等字樣的信。仲發往衛地的信件，由尚‧旺秋滾轉給了嘎
哇。引起嘎哇的極大重視，立即與傑之尚欽布等人進行磋商，而後準
備啟程前往迎接。當衛地高僧、顯貴們抵達阿里白塘時，至尊師徒們
也到達該地。來到甘巴羌塘時，至尊指著拉薩方向的山澗道：那邊有
什麼？ 答道：那邊有拉薩大昭寺，至尊說：的確如此，天上的神男
神女都在祭供。來到桑耶後受到了拉尊菩提熱雜的殷勤招待，眾多的
藏僧也聚集在桑耶。阿底峽前往康敦住地塘波齊居住了一個月，仲也
隨行前往，庫敦沒有好生款待，因此上師悄悄離開此地。至尊一行回
到桑耶寺，住在貝嘎爾林殿，由二位譯師翻譯了《般若二萬頌》、世
親所著 《攝乘釋解》等許多經典。

　　其後來到了聶塘，向聽聞者簡單地教授了《現觀莊嚴論》，未能

滿足聽受者的心願。根據要求又細講授了一次，作了記錄。成書後稱此為康派《現觀莊嚴論》。講授《般若二萬頌》時只有十四位格西前來聽講。在聶塘向仲傳授了《菩薩道次弟燈論》。

　　阿底峽在藏期間收到的供品，曾由弟子恰赤覺等二次赴印度，敬獻給上師和僧眾。到了耶爾巴地方受到了俄・勒白西繞的款待，無著所著《究竟一乘寶性論之疏》由二譯師譯出。在耶爾巴期間仲前去向父系親屬索要黃金，返回後撰寫了稱之為《大般若經》的典籍。後來，阿底峽對仲敦說：「你要建造一座小寺院，我將把所有佛經交給你。後來仲氏按照阿底峽的指示，於藏曆第一繞迴火猴年（西元1056年）修建了熱振寺。從此按至尊的主張弘揚的教叫做噶當教，阿底峽最後於第一繞迴木馬年（西元1054年）圓寂。仲敦巴於木龍年（西元1064年）逝世，享年五十九歲。

二、噶舉派

噶舉派的來源

　　善巧成就者瓊布南交瑜伽士亦有二智慧空行母所傳授語旨教授，繼承這個法統的稱為香巴噶舉。洛扎瑪爾巴・曲吉洛追創立了達布噶舉，因他有從金剛持到諦羅納若之間所有領受的語旨教授，所以繼承這個傳統的叫達布噶舉。以上是香巴噶舉和達布噶舉名稱來源情況。

　　（一）香巴噶舉是瓊布南交瑜伽士傳下來的。瓊布南交瑜伽士於藏曆鐵虎年，西元九九〇年生於尼木地方，幼年時曾學本教，而後依

曹慶迴乃森格修習大圓滿法，此後赴尼泊爾依蘇摩謗論師學習梵文、旋赴佛教來源地天竺，往返竺、尼、藏約五十年，親近竺、尼、藏大善知識與大成就者約一百五十人，通達顯密經論及一切要門。他的共同上師有大金剛座主、米至巴、白巴瑜伽、羅怙羅等四人，不共上師有智慧空行母尼古瑪、樂成空行母等，以上六上師是他的主要依止處。回藏後依朗日塘巴受比丘戒。於藏曆第二繞迴鐵牛年（西元1211年）至夭如香地方，建造了香雄雄寺，遂以香巴噶舉之名著稱。據說當時香雄雄寺聚集僧徒約八萬人。按圓寂時有一百五十歲的說法，可能於藏曆第二繞迴土羊年（西元1139）年去世。

（二）達布噶舉是瑪爾巴譯師曲吉羅追所傳下來的教派。這裡簡要介紹繼承瑪爾巴傳統的四柱弟子。

瑪爾巴譯師的南柱弟子俄・曲古多吉，於西元一〇三六年、藏曆第一繞迴火鼠年生在雄日俄。幼年從其父聞思佛經，精煉通達，迎巴妃曲措為妻，在雄色龍地方依格西吉爾窮巴學習寧瑪教法。格西對他說：你真要學經最好前往瑪爾巴譯師處去學。聽了此話，非常仰慕，當晚結束學經，次日趕赴瑪爾巴處，先後贈送豐厚禮品，求得《喜金剛》、《四麻》、《摩訶摩耶》等佛法教誡和教授，並獲黑炭母為護法神。瑪爾巴傳授的喜金剛九本尊、無我母十五尊、眾神四座、智慧大自在、摩訶摩耶五尊和寶帳怙主等六佛法及彌底派的文珠菩薩具秘共七法，總稱俄七法，修建窮頂山的廟殿。西元一一〇二年，藏曆第二繞迴水馬年去世，享年六十七歲。

東大柱弟子楚・敦旺多吉，出生在堆之谷口的楚氏家族。後來他向一位抄寫一萬般若者問當今精通《集密》者為誰？答曰：瑪爾巴洛

扎最為精通。他前往拜見瑪爾巴，請求傳授《集密續》和教授。瑪爾巴傳與一些佛法，並答應所有經典也傳與他。楚敦請瑪爾巴到自己在堆谷口的住處，得《五次第》教誡及續部的全部傳授。楚敦是瑪爾巴的主要弟子之一。

北大柱弟子藏戎的梅敦村波是娘堆達蔡之人，其名叫索朗堅參。其家是惹朵的領主。他曾三次送大禮，讓瑪爾巴歡喜，獲得《摩訶摩耶》及教授教誡等。

西大柱弟子名為米拉日巴，其家族原屬堆達日的瓊布氏分支米拉，他於西元一〇四〇年、藏曆第一繞迴鐵龍年生，他出生不久父親去世。後依母親的意願來到衛地，學習咒術，咒殺仇敵。他在修持大圓滿時聽說了瑪爾巴的美名，非常仰慕，遂即前往瑪爾巴處。這時瑪爾巴亦夢見兩婦女獻上晶體金剛，洗後放在寶幢上，金剛放出了照亮整個世間的光芒。瑪爾巴大師預感到祥兆，親自前往迎接米拉。後來上師把所有教誡傳授與他，並交給他蓋有印章的紙卷，說不到萬不得已時，請不要打開此卷等。瑪爾巴上師將米拉短程送至曲拉地方，臨別時給他摩頂祝福，並預示歸依處、傳承人等許多未來之事。

米拉尊者三十八歲時到瑪爾巴跟前，一直待到四十四歲，四十五歲開始遵照上師的指示苦煉修行，從未間斷，直至圓寂。在扎嘎達索修行時，因食用妹妹和紫斯供奉的食物，全身出現了病症。於是打開大師賜與的紙卷，取得了氣心無別的教誡，頓然靈驗，獲得大成就。在崗底斯山以神力征服了納若本教徒，美名遠颺各地，最後於藏曆第二繞迴水兔年（西元 1123 年）圓寂，享年八十四歲。其教法傳授與心侍弟子傑崗布巴。

三、薩迦派

　　薩迦派起自昆·貢卻傑布，他心性善良，精通相地術、法典，特別精於密咒，性相等。昆·貢卻傑布遵從喇嘛兄長昆若·西饒催成之命前往參拜在芒怒古隆的卓彌·釋迦益西大譯師。從此昆與卓彌結成了師徒關係，也開創了薩迦教宗。他從卓彌·釋迦益西學通了新譯密乘，又依止貴·庫巴拉澤、克什米爾的杭歐嘎布班智達、瑪·仁欽確譯師、金巴譯師等大德甚多。西元一〇七三年，昆·貢卻傑布四十歲時，在白土山側中部建造了薩迦寺，自此遂稱之為薩迦派。這個教派主要由昆氏家族世襲，湧現出無數個佛學家和獲得成就者，不斷得到弘揚發展。

第五章

薩迦巴統治西藏時期

西元十三世紀初西藏的形勢及薩迦巴家族的世系

依照現今所能見到的歷史文獻及當時的一些高僧傳記的記載，到西元十三世紀初，佛教在西藏地方後弘以來，興起和分化出許多不同的大小教派，一些大德和僧人前往各地講說佛法，招收僧徒，建立寺院和尼庵，或建立靜修地和神殿，使其成為各教派的據點，另一方面，除西部阿里各地是由吐蕃贊普的後裔們分割統治外，各主要的世俗政治勢力都處於衰微之中。

在這種情形下，一些高僧因其學識功德和聲望，受到地方首領和群眾的信奉，獻給他們土地作修建寺院之用，並貢獻田地、人戶、牲畜、財物作為供養，成為寺院的寺屬莊園（亦譯香火莊）或為寺院貢納布施的部落。這使得一部分教派的主要寺院逐漸成為占有土地、牲畜、農牧民戶等生產資料（和勞動力）的領主，而且隨著寺廟經濟基礎的發展，擔任寺主的高僧們的親屬、為其辦事的強佐等變成為未經正式封授的貴族官員，在他們之下，出現了谿涅或稱協本（管理莊園屬民的人員）、仲譯（文書）、涅巴（管事）等低一級的官吏。在多數情況下，他們還自行建立了法庭、監獄、不脫離生產的地方軍隊，

以適應管理地方政務的需要。

　　總之，這一期間出現了一些將宗教首領和地方官員的職能結合起來的類似於行政機構的組織。在這些教派之間，由於各自占有的土地、草場、水源及屬民人戶、教派上的差別、財產利益上的錯綜複雜的矛盾，造成了許多衝突和戰亂。這些成為西藏分裂時期後段的大致情形，同時也反映了下面將提到的一些政治勢力產生和形成的總的過程。由於沒有統一的政權和法律等，當時西藏動盪不安，人民除了要負擔無休止的賦稅差役外，還隨時可能遇到飛來橫禍。

　　到西元十三世紀初期，在衛藏地區形成的占有僧俗民戶、土地、牧業部落的最大的幾支政治力量是：止貢巴、薩迦巴、帕木竹巴、蔡巴、雅桑巴、達隆巴等。他們在康區和安多、洛、門、西部阿里等地區也建立分支寺院並與許多部落建立了關係，不過誰也不具有統一全藏的力量。除此之外，噶當派雖然在寺廟和僧人的數量上是最多的，但因其自身所形成的教法承繼的傳統，在政治方面沒有大的發展。噶瑪噶舉派雖然在宗教方面有很高的聲望，也未能形成為一支政治勢力。其他如桑耶則波釋迦袞等吐蕃贊普的後裔和以往的地方首領的一些遺族，不僅沒有產生出一個能凌駕於各個高僧之上的世俗首領，反而不得不追隨於某個宗教高僧。這構成了當時西藏社會的一個重要的突出特點。

　　在上述宗教勢力中，我們簡要介紹具吉祥薩迦巴（家族）的世系產生的情況。款氏薩迦巴家族，最先源於款‧官卻傑波，其父為款‧釋迦洛追，在他之前的父祖都是精通舊密法的喇嘛。按照《薩迦世系史──奇異寶庫》（達欽阿美夏‧阿旺貢噶索南著，成書於 1629 年）的記載，款‧釋迦洛追最初占有恰如隆巴、上下夏卜等地，建立了一

番較大的事業，在他的後半生，占有其父祖的雅隆（今薩迦縣境內）城堡。款・釋迦洛追有兩個兒子，長子為款・喜饒楚臣，幼子為款・官卻傑波。款・官卻傑波生於西元一〇三四年即藏曆第一繞迴的陽木狗年，他從幼年時起就跟從父兄聽受了許多教法，熟練掌握。後來他依照兄長的吩咐，主要跟從卓米譯師等許多上師聽受了無數的灌頂、教誡、經咒等，成為一名掌握了新、舊密咒的所有教法的上師。

最初，他在扎窩隆巴興建了一座小寺院「薩迦果波」（薩迦舊寺）。有一次他們師徒外出閒遊，在山崗上看見現今薩迦寺所在之地的後山本波日的形狀如同一隻大象臥在地上，山腰右側之處土壤灰白油潤，又有河水從右側流過，具有多種瑞相，想到如果在該地創建一座寺院，將會對佛教及眾生有大利益。於是他向該地區的領主請求，得到允許，又對該地的直接的主人說：「我想在此處建一寺院，請將這一地方給我，行不行？」眾人同意了他的要求，不過為了將來不生口舌爭執，他還是給了他們一匹白色騍馬、一串珠寶、一套女裝作為地價，使門卓以下、巴卓以上的土地都歸自己所有。到他四十歲的西元一〇七三年即藏曆第一繞迴的水牛年，開始興建具吉祥薩迦寺。他在主持薩迦寺三十年後，於六十九歲的西元一一〇二年即藏曆第二繞迴的水馬年去世。

款・官卻傑波的第二個妻子瑪久尚摩於西元一〇九二年即藏曆第二繞迴的水猴年生下貢噶寧波（眾喜藏）。他是西藏薩迦教派的開創者，是通常所說的「薩迦五祖」中的第一祖。從幼年起，他聽受了父親掌握的全部教法。父親去世後，他拜許多賢哲和成就者為上師，廣泛聽習教法，逐漸成為掌握了教證和法力的大自在者，護持款氏的部眾。從喇嘛薩欽（即貢嘎寧波）開始，薩迦巴的聲望及經濟和政治力

量大為提高，他被稱為具有善趣七功德（指種姓高貴、形色端嚴、長壽、無病、緣分優異、財勢富足和智慧廣大）的人。薩欽的弟子遍布全藏區，其中聲名遠播的有上師索南孜摩、傑尊扎巴堅贊、帕木竹巴‧多吉傑波等。薩欽護持薩迦法座四十八年後，於他六十七歲的西元一一五八年即藏曆第三繞迴的土虎年去世。薩欽貢噶寧波的長子索南孜摩，於西元一一四二年即藏曆第二繞迴的水狗年出生，從父親處聽習了金剛乘密續注疏、經咒、教誡、修持等，並能夠融會貫通。他十七歲時去到前藏，在桑浦內鄔托寺拜恰巴‧卻吉僧格為上師，前後依止十一年，成為一名大賢哲。當時的人們讚揚他說：「那薩布顧堅（穿短袖袈裟者）精通經典及善辯的能力，無人能比。」他還著有《喜金剛續第二品注疏——太陽光輝》等多種論著。他大部分時間在幽靜的地方努力修行，西元一一八二年即藏曆第三繞迴的陽水虎年逝世。薩欽的次子傑尊扎巴堅贊，生於一一四七年即藏曆第三繞迴的火兔年。八歲時受居士戒，在持戒方面甚至比出家人還要嚴格。他依止兄長索南孜摩等許多上師，聽受了多至不可思議的各種教法，勤奮修習，在講說、辯論、著述等方面都無與倫比，寫有《密集三續部現觀——珍寶樹》等多種著作，興建了被稱為「烏孜寧瑪」的佛殿，新建了紀念祖、父、兄長等人的銅質鎦金佛塔、佛像、供品等。木雅（西夏）的甲郭王等向他奉獻的白銀、綢緞等大批財物，他都用來供奉三寶，差一些的物品則施捨給乞丐。西元一二一六年即藏曆第四繞迴的火鼠年去世。他的親傳弟子主要有薩迦班智達貢噶堅贊等。

作為雪域西藏所有精通大小五明的無與倫比的賢哲薩迦班智達貢噶堅贊貝桑布，其聲名遠播於普天下一切方域。他於西元一一八二年即藏曆第三繞迴的陽水虎年出生，從幼年時起就表現出與常人不同的

聰明智慧，加上他的伯父傑尊扎巴堅讚的護持培養，另外他還極其恭敬地依止許多合格的善知識大德為上師，勤奮學習各種共通的和不共的學識，使他成為一名最傑出的學者。「從此對聲明、因明、詩學、韻律、修辭、密咒、般若、論部、律部等各種經教和道理的精要都能正確地領會貫通。」他對醫學和曆算也很精通，在工巧明方面，他懂得建寺塑像的尺度，對實際的製作過程也很內行。（他建造的）薩迦寺烏孜寧瑪殿中的文殊菩薩像的美飾等，按照《根本續》所說在綢緞上繪製的佛像的布局，桑耶寺壁畫中的文殊菩薩像及法器等都十分殊勝，表明他親手實踐過多種工藝製作。[1]

薩迦班智達（簡稱薩班）出家前名叫貝丹頓珠，西元一二○六年即藏曆第三繞迥的火虎年，在年楚河下游的堅貢寺，由喀且班欽（釋迦室利）任堪布、吉沃勒巴任阿闍黎（軌範師）、秀昌巴任屏教師，他在足數的印、藏比丘之中削髮出家，並同時接受了具足戒（比丘戒），取名為貢噶堅贊貝桑布。他是薩迦款氏世系中正式受戒出家並接受比丘戒的第一人。因此通常按是否正式出家的區別，稱薩迦五祖中的薩欽貢噶寧波、索南孜摩、扎巴堅贊三人為白衣三祖，稱薩班、眾生依怙八思巴二人為紅衣二祖。

薩班長期依止喀且班欽等印、藏賢哲和成就者，五明學識更加精熟，講說、辯論、著述等方面都貫通無礙。當他在芒域濟仲的春堆地方住時，有印度南部的外道上師措切噶瓦及其隨從等前來，發起與佛教較量的辯論，薩班以教理駁倒了他們，使得這些外道師剪下髮辮，皈依於佛法之門。他的「瑪哈班智達」（即大班智達）的聲名遍播於

1　《薩迦世系史》，鉛印本，民族出版社 1986 年版，第 90 頁。

各方。他還新建了薩迦寺的細脫拉章和許多佛像、佛塔、佛經，使具吉祥薩迦派奠定了獲得將聲名傳布於亞洲各地的機遇的基礎。

薩班的弟弟桑察‧索南堅贊於西元一一八四年即藏曆第三繞迴的木龍年出生。他修習過父祖所傳的各種顯密教法。為了繁衍薩迦款氏他先後娶了五位妻子，還翻新了薩迦的烏孜寧瑪佛殿，為薩迦寺建造了長寬為他自己射箭所達到的距離的圍牆。他還依靠薩班的聲望，在世俗方面擴大薩迦派的實力，在斯塘等地設立了集市和人戶眾多的村莊，在仲堆、仲麥、達托、芒喀寨欽、藏哇普、上下夏卜、達那等地建立莊園，在絳迴、喀索、果齋、喀爾普等地建立了許多牧場，在熱薩等地牧養馬群，在政教兩方面都建立了重大的功業。從《薩迦世系史》記載的上述地名看，當時薩迦派新建的寺屬莊園除主要分佈在今天的薩迦縣、拉孜縣境內以外，在昂仁縣和日喀則市境內也有分佈，在南北各地建有不少牧場。總之，從這一時期起，薩迦派和前藏的止貢、蔡巴、帕木竹巴等大的地方勢力的力量大略相仿，成為了後藏地區一支最大的地方勢力。

桑察‧索南堅贊有子女多人，不過他們中最重要的應是長子眾生依怙八思巴‧洛追堅贊貝桑布。他的聲名傳遍各地，是被元朝皇帝忽必烈薛禪汗封為藏區三個「卻喀」的統治者、在中國統一的事業中做出過偉大貢獻的一位歷史偉人。他生於西元一二三五年即藏曆第四繞迴的木羊年，從幼年時起就智慧超群，在文字讀寫、學習知識、聽習教法等方面都比別人迅捷，能很便利地掌握所學的東西，八、九歲時就能背誦修行法、《蓮花經》和《本生經》等，並在薩班舉行的講經法會上講說《喜金剛續第二品》，眾人驚奇不止，稱讚他為「聖者」，因此他的名字被通稱為「八思巴」（傑出、聖者之意）。他的弟弟恰

那多吉於西元一二三九年即藏曆第四繞迴的土豬年出生。

　　薩班後半生及八思巴的主要事蹟，我們將在下面敘述各段歷史時給以介紹，請讀者鑑察。

蒙古成吉思汗後裔的勢力
進入西藏，西藏再度統一

　　約從西元十二世紀末葉開始，蒙古成吉思汗的軍事力量興起，用武力征服了中國北方的許多地區，並逐漸攻取了西夏的境土。成吉思汗去世後，由他的第三子窩闊臺繼承汗位。當窩闊臺汗分派諸王子分別領兵向各方開拓疆土之時，安多和康區的一些寺院和高僧派人前去，向自己附近的蒙古軍奉獻禮品，表示願遵從蒙古汗王的旨令，請求不要派軍進攻藏族居住的各地區。

　　緊接著，這種辦法也被衛藏各地普遍採用，各大地方勢力集團看到蒙古王子闊端先後派兵進入藏區的不可抗拒的威勢，紛紛遣人向各蒙古王子表示歸順並建立依靠的關係。這方面的情況，在一些文獻中有大同小異的記載。帕竹・絳曲堅贊寫道：「當時，吐蕃地方是由在涼州的王子闊端掌管，從闊端阿嘎（阿嘎為蒙古語兄長之意）那裡取來供養的上師，止貢巴由蒙哥汗知照，蔡巴由薛禪汗知照，帕木竹巴由王子旭烈兀知照，達隆巴由阿里不哥知照。四位王子分別掌管了各

個萬戶。」[2]這段記載中的「知照」即是占有統治之意。這些王子還向各自統治的萬戶府派駐了蒙古的守護軍，後來薛禪汗（忽必烈）登上中國的皇位後，才下令撤走了這些蒙古守護軍（駐帕竹萬戶的守護軍因忽必烈與旭烈兀關係親密，沒有撤消），這些也見於大司徒絳曲堅讚的著作中。按上面這些記述，說明在蒙古軍隊的威脅出現之時，西藏的各個統治集團就全都分別向各個蒙古王子表示歸順。而同樣是他們，卻從未向中國邊界之外的任何外國表示過屈服。這就充分說明，這種情況只有在歷史上許多世紀中，中華各民族相互長期接觸和友好交往的牢固基礎上才有可能產生。

西元一二四〇年即藏曆第四繞迴的鐵鼠年，當時蒙古的窩闊臺汗在位，窩闊臺的兒子額沁闊端，派遣將軍多爾達赤率領武裝軍隊前來西藏，此即是許多藏文史籍中所說的蒙古多達那波將軍。他們經過安多和康區前來衛藏地區，沿途對自動歸順和納款的人不加傷害，並讓其首領官員照舊管領地方，而對進行抵抗的人則用武力鎮壓，使得大多數地方勢力納款歸附，當年比較順利地抵達前藏的熱索地方。

當時，止貢寺的法座京俄·扎巴迥乃的近侍官巴釋迦仁欽積極準備抵抗蒙古軍，但是並未能組織抵抗，官巴本人就被多爾達赤抓獲。當正要處死他時，京俄仁波且（對高僧活佛的尊稱）前往頓塘，向蒙古軍納款，並講說了許多經典，多爾達赤說：「托因（蒙古人對出家僧侶的稱呼），你是一個好人。」並對他敬禮，免除了官巴的死刑，雙方和好融洽。「京俄把西藏木門人家的戶口名冊獻給了他。多達那

2　大司徒絳曲堅讚《朗氏家族史》，西藏自治區社會科學院藏文古籍室編，西藏人民出版，1986年版，第110頁。

波接受了，（對京俄）加以照顧。」[3]

在當時西藏各大地方勢力中，止貢派是最為顯赫富足的，止貢派向蒙古軍納款，帶動前後藏各個地方勢力也放棄武裝抵抗，使得蒙古軍隊在「東部工布地區以上、西至尼泊爾、南至門巴的地區內拆除堡寨，用不能違背汗王令旨的嚴格法度進行統治」[4]

這樣，很快結束了持續四百多年的藏區分裂割據的混亂時期，沒有經過太大的戰爭和殺戮就使全藏開始出現和平安定。絳曲堅贊記述說：「多達那波……拆毀了下至東方工布地區、東西洛扎、洛若、加波、門地門貝卓、洛門和尼泊爾邊界以內的各個堡寨，以蒙古的律令進行統治，使地方安寧，這時王法和教法如同黎明時旭日東昇，照耀操藏語的地域」，[5]充分表達了藏族多數人對當時西藏出現統一和安定局面的認識。

3　《朗氏家族史》，第 109 頁。

4　五世達賴喇嘛《西藏王臣記》，民族出版社 1957 年版，第 121 頁。

5　《朗氏家族史》，第 109 頁。

第三節
蒙古王子額沁闊端迎請薩迦班智達去內地

　　將軍多爾達赤採用武力進攻和招撫相結合的辦法將全藏納入統治之下後，按照王子闊端的命令在西藏對各派高僧進行考察，並寫信向闊端報告說：「在邊地西藏，僧伽以噶當派最大，最講臉面的是達隆的法主，最有聲望的是止貢派的京俄，最精通教法的是薩迦班智達，從他們中迎請哪一位，請頒明令。」[6]闊端在給他的回信中說：「今世間的力量和威望沒有能超過成吉思汗的，對來世有益的是教法，這最為緊要，因此應迎請薩迦班智達。」

　　闊端所派的多爾達赤和本覺達爾瑪二人帶著邀請信和大批禮品抵達薩迦，薩班當年已經六十三歲，但他還是同意前去。動身前，他委派喇嘛伍由巴・索南僧格和夏爾巴・喜繞迥乃負責薩迦派的宗教事務，委派囊涅（內務管事）仲巴・釋迦桑布負責薩迦派的總務，代攝法座。當時八思巴年僅十歲，恰那多吉年僅六歲，薩班還是帶著他們於西元一二四四年即藏曆第四繞迥木龍年年底動身去內地。在他們抵

6　《西藏王臣記》，第 121 頁。

達前藏時，止貢巴、蔡巴、達隆巴等派的首領人物會見了他們，並各自贈送了大量禮品，希望薩班去蒙古地方後，在宗教方面對自己加以護持。

按照史籍記載，薩班是為了全西藏的佛法和眾生的利樂，不顧年邁體衰和勞累，甚至不顧性命，懷著一種偉大的誓願動身前去蒙古的。途中，有個名叫南喀本的噶當派的格西前來會見，詢問說：

「您前往蒙古地方，是否有利益方面的原因？」薩班說：「是蒙古人要我無論如何也要去擔任他們的受供上師，並說如果不去就要派兵前來，我擔心蒙古軍隊前來會危害西藏地方，是為了有情眾生的利益而前去蒙古的。今後，對眾生有利的事，即使要拋棄自己身體性命，也會毫不猶豫地去做。」

由此可見，薩班前往蒙古是西藏所有人眾極為關心的事，是關系全西藏的一件大事。

這樣，薩班伯侄一行經過長途跋涉，利用馬、騾、駱駝等交通工具走完數千里的路程，在他六十五歲的西元一二四六年即藏曆第四繞迥的火馬年的八月抵達北方的涼州（今甘肅省武威市）。當時，額沁闊端到蒙古去參加貴由汗繼大汗位的慶典，不在涼州。次年即火羊年正月，闊端返回涼州，與薩班會見。闊端非常高興地與他廣泛談論教法和世間的事務，由於雙方語言不通，由維吾爾（回紇）的一些博學的格西擔任翻譯，使雙方能相互理解，闊端對此很為滿意。闊端還發布命令，規定從那以後蒙古的巫師（薩滿）不能按舊規坐在僧眾行列的首位，由薩班就坐，在集會祈願時先由佛教的僧眾祈禱，據說這是在蒙古首次宣佈提高佛教僧人的地位。此後，闊端患了一種癲病，薩

班治療和舉行法事，收到了明顯的療效。從此闊端對他產生了熱誠的信仰，並向他請教了許多佛法。薩班不僅在蒙古地方提高了薩迦派的教法的聲望，還派上師頓科等人到山西的五臺山講經說法，在涼州聚集了漢地、維吾爾、西夏等地區的一些佛教信徒講經說法，加深了各民族之間的文化交往和友好連繫。

薩迦班智達致西藏
各地方首領的信件

　　薩班到達涼州後，時刻不懈地為藏區眼前和長久的安樂而操心和努力。他以善巧方便向闊端提出安定藏族地區的辦法，同時經過對成吉思汗的後裔們的軍事力量、行政方略以及廣大漢地、維吾爾和西夏等地區的當時狀況的認真觀察分析，認為西藏如果也像內地其他民族那樣統一到蒙古汗王的統治之下，對佛教和無數眾生的暫時和久遠的利樂都有重大好處，因此他決定自己在蒙古的地方居留，並寫了一封被稱為《薩迦班智達貢噶堅贊致烏思藏阿里善知識大德及眾施主的信》，為他們指出道路的選擇取捨。這封信的全文如下：

　　「祈願吉祥利樂！向上師及怙主文殊菩薩頂禮！

　　具吉祥薩迦班智達致書烏思、藏、阿里各地善知識大德及眾施主：我為利益佛法及眾生，尤其為利益所有講藏語的眾生，前來蒙古之地。召請我前來的大施主（指闊端）甚喜，（對我）說：『你領如此年幼的八思巴兄弟與侍從等一起前來，是眷顧於我。你是用頭來歸順，他人是用腳來歸順，你是受我的召請而來，他人是因為恐懼而來，此情我豈能不知！八思巴兄弟先前已習知西藏的教法，可以讓八

思巴依舊學習，讓恰那多吉學習蒙古的語言。只要我以世間法護持，你以出世間法護持，釋迦牟尼的教法豈能不在四海之內普遍弘傳！』

　　這位菩薩汗王對於佛教教法，尤其是對三寶十分崇敬，能以良善的法度很好地護持所有臣下，而對我的關懷又勝於對其他人。他曾對我說：『你可安心地說法講經，你所需要的，我都可以供給。你作善行我知道，我的作為是不是善行天知之。』他對八思巴兄弟尤其喜愛。他懷有『（為政者）自知法度並懂得執法，定有益於所有國土』的良善心願，曾說：『你可教導你們西藏的部眾習知法度，我可以使他們安樂。』所以你們眾人都應努力為汗王及諸王子的長壽做祈禱法事！

　　當今的情勢，此蒙古的軍隊多至無法計數，恐怕整個贍部洲已都歸入他們統治之下。與他們同心者，就應與他們同甘共苦。他們性情果決，所以不准許有口稱歸順而不遵從他們的命令的人，如果有，就必定加以摧滅。（由此緣故）畏兀兒的境土未遭塗炭並且比以前昌盛，人民和財富都歸他們自己所有，必闍赤、財稅官及守城官（八剌哈赤）都由（畏兀兒人）他們自己擔任。而漢地、西夏、阻卜等地，在未被攻滅之時，（蒙古）將他們與蒙古一樣看待，但是他們不遵從（蒙古）命令，在攻滅之後，他們無處逃遁，只得歸降蒙古。不過在那以後，由於他們聽從（蒙古）命令，現今在各處地方也有任命他們中的貴族擔任守城官、財稅官、軍官、必闍赤的。我等西藏的部民愚頓頑固，或者希望以種種方法逃脫，或者希望蒙古人因路程遙遠而不來，或者希望（與蒙古軍作戰）能夠獲勝。凡是（對蒙古）施行欺騙的，最終必遭毀滅。各處歸順蒙古的人甚多，因西藏的人眾愚頑之故，恐怕（被攻滅之後）只堪被驅為奴僕賤役，能被委派擔任官吏的，恐怕百人之中僅數人而已。西藏現在宣稱歸順（蒙古）的很多，

但是所獻的貢賦不多，這裡的貴族們心中頗不高興，很關緊要。

從去年上推的幾年中，西面各處沒有（蒙古）軍隊前來。我帶領白利的人來歸順，因看到歸順後很好，上部阿里、烏思、藏的眾人也歸順了，白利的各部也歸順了，因此至今蒙古沒有派兵來，這就是歸順已經受益，不過這一道理上部的人們還有一些不知道。當時，在這東部有一些口稱歸順但不願很好交納貢品的，未能取信於蒙古人，他們都遭到攻打，人民財富俱被摧毀，此等事情你們大概也聽說過。這些被攻伐的，往往是自認為地勢險要、部眾勇悍、兵卒眾多、盔甲堅厚、善射能戰，能夠抵禦蒙古軍，但最終都被攻破。

眾人通常認為，蒙古本部的烏拉及兵差較輕，其他的人烏拉和兵差較重，其實，與他部相比，蒙古本部的兵差和烏拉很重，兩相比較，反而是他部的烏拉和兵差較輕。

（闊端）又說：『若能遵從命令，則你等地方各處民眾部落原有的官員都可以委任官職，由薩迦的金字、銀字使者把他們召來，可任命為我的達魯花赤等官員。』為舉薦官員，你等可選派能充當來往信使的人，然後把本處官員的名字、民戶數目、貢品數量繕寫三份，一份送到我這裡，一份存放薩迦，一份由本處官員自己收存。另需繪製一幅標明哪些已歸順、哪些還沒有歸順的地圖。若不區分清楚，恐怕已歸順的受未歸順者的牽累，也遭到毀滅。薩迦的金字使者應與各處的官員首領商議行事，除利益眾生之外，不可擅作威福，各地首領也不可未與薩迦金字使者商議而自作主張。不經商議而擅自妄行即是目無法度，獲遭罪責，我在這裡也難於為其求情。只希望你們眾人齊心協力，遵行蒙古法度，必會有好處。

對金字使者的接送侍奉應力求周到，因為金字使者返回時，（汗王）必先問他：『有無逃跑或拒戰的？對金字使者是否很好接待？有

無烏拉供應？歸順者是否堅定？若有人對金字使者不恭敬，他必然（向汗王）進危害的言語，若對金字使者恭敬，他也能（在汗王處）護佑他們。若不聽從金字使者之言，難以補救。

此間對各地貴族及攜貢品前來者都給以禮遇，若是我等也想受到很好待遇，我們官員們都要準備上好的貢品，派人與薩迦的人同來，商議進獻何種貢品為好，我也可以在此計議。進獻貢品後再返回各自地方，對自己對他人都有好處。總之，從去年起我就派人建議你們這樣做最好，但是你們並沒有這樣做，難道你們是想在被攻滅之後才各自俯首聽命嗎？你們對我的話只當作沒聽見，將來就請不要說：『薩迦人去蒙古後對我沒有幫助。』我是懷著捨棄己身利益他人之心，為利益所有講藏語的眾人而來蒙古的，你們聽我所言，必得利益。你們未曾目睹這裡的情形，對耳聞又難以相信，因此仍然企望能夠（對抗住蒙古），我只怕會有諺語『安樂閑靜鬼壓頭』所說的災禍突然降臨，會使得烏思、藏地方的子弟生民被驅趕來蒙古。我本人無論禍福如何，均無後悔。有上師、三寶的護持和恩德，可能還會得到福運，你們眾人也應該向三寶祈禱。

汗王對我的關懷超過對其他的人，所以漢地、吐蕃、畏兀兒、西夏的善知識大德和各地的人眾都感到驚異，前來聽法，十分恭敬。你們不必顧慮蒙古對我們來這裡的人會如何對待，全都對我們關心和照應。聽從我的人全都可以放心地安住。

貢品以金、銀、象牙、大粒珍珠、藏紅花、木香、牛黃、虎（皮）、豹（皮）、草豹（皮）、水獺（皮）、蕃呢、烏思地方的氆氌等物為佳品，這裡對這些都喜愛。此間對一般的物品不那麼看重，不過各地還是可以用自己最好的物品進獻。

『有黃金即能如其所願』，請你們深思！

願佛法弘傳於各方！

祝願吉祥！」[7]

薩班的這封信，總結了西藏四百年的分裂時期中不斷的戰亂和各割據勢力的紛爭造成西藏人民生靈塗炭、苦難不止的經驗和教訓，根據當時西藏各政治勢力互不統屬、矛盾重重，要使藏區得到安寧首先必須實現統一，但是能夠完成西藏統一的力量在當時只能是蒙古的汗王，而蒙古也把統一廣大國土作為主要的戰略計劃的情況；認識到使西藏像漢地、于闐、蒙古、西夏等地區一樣，與歷史上有著密切關係的這些民族統一起來，對眼前和久遠都是最為有利的，因此他向藏族各階層人士發出了參加這一歷史進程的偉大號召。他的這封信，受到藏族僧俗各界的歡迎和尊重、執行，成為西藏自願參加到偉大中國的各民族大家庭中的一份重要歷史文獻。

薩班在涼州居住期間，王子闊端在一處風景優美的地方專門為他修建了一座宏大的寺院獻給他，由於布局巧妙，工藝精絕，有如神幻，所以通常被稱作幻化寺，薩班晚年就在這座寧靜的寺院中居住，最後在他七十歲的西元一二五一年即藏曆第四繞迴的鐵豬年圓寂。

---

7 達欽阿旺貢噶索南《薩迦世系史》，民族出版社 1986 年版，第 135-140 頁。

第五節

八思巴與蒙古忽必烈的會見褒護僧人的詔書

八思巴十歲時隨薩班前往內地。途經前藏時，由薩班任堪布，蘇浦哇任阿闍黎，剃度出家，授了沙彌戒，起法名為洛追堅贊貝桑布。到達涼州後，八思巴在七年中不離薩班左右，學完他的大部分學識，並融匯於心。薩班臨去世時，看到他已經能夠擔任教法的重任，就把自己的法螺和鉢盂傳授給他，並將眾弟子也託付給他，教導他：「你利益佛法和有情眾生的時機已經到來。」完成了向他託付教法的程序。他很好地完成了超薦薩班的法事，護持薩班在涼州的弟子和信徒，並像先前一樣學習佛法和修習，這樣又在涼州居住了兩年。

西元一二五二年即藏曆第四繞迴的水鼠年，王子薛禪汗（即忽必烈）率兵南征，在征服了大理（今雲南省境內）後凱旋返回。西元一二五三年即第四繞迴的水牛年，薛禪汗忽必烈與上師八思巴舉行了會見。此後，將八思巴兄弟迎請到叫做上都（今內蒙古自治區境內）的宮殿中。當時八思巴還不到十九歲，薛禪汗向他詢問許多別人難以解答的問題時，他都完整答覆。八思巴還談到歷史上吐蕃和唐朝之間有時交戰，有時親密和好，薛禪汗說，如果真是這樣，在前朝的文書

中應當有記載，派人去查閱，果然相符，薛禪汗更加歡喜。此後薛禪汗對他談起派人到西藏徵集兵差勞役和賦稅的事情，他說西藏是邊區的小地方，田土不多，人民貧困，請求不要征派差稅。薛禪汗沒有同意，八思巴心中不悅，說如果這樣，西藏的僧人也沒有必要來這裡住留，請允許我返回自己的家鄉。薛禪汗說，你可以離去。當時薛禪汗的名叫察必的王妃說，這樣的僧人很少見，不應放他回西藏，你們應繼續講論，最好是向他請問佛法方面的問題。薛禪汗聽從了察必的意見，繼續與八思巴談論了許多問題。

上師八思巴在上都居住的幾年之中，薛禪汗只是跟從他初步聽受過一些佛法。西元一二五四年即藏曆第四繞迴木虎年，薛禪汗賜給薩迦派一份被稱為「褒護僧人的詔書」的文書。主要內容是：

「依上師三寶的護持、天命之主成吉思汗及蒙哥大汗的福德，為利益佛法，忽必烈詔曰：

真實佛陀釋迦牟尼具有不可奪移之智慧及無邊之慈悲，具足福德二資糧如滿月，猶如日輪破除黑暗，猶如獸王獅子戰勝邪魔外道。我與察必可敦（蒙古語對皇后、王妃的稱呼）對其功德、事業及教法生起信仰，在先前已擔任教法及僧眾之主，現今又從法主薩迦巴、上師八思巴處獲得信心，遵奉教法，於陰水牛年接受灌頂，聽受眾多教法。尤其因為我為教法及僧眾之主，看視上師八思巴的情面，故而以此護持藏地方三寶之所依處及僧眾不受侵害之詔書奉獻於佛法。此外，已賜給上師八思巴黃金及珍珠裝飾之袈裟、長坎肩、珠寶裝具、法衣、帽、靴、坐墊等，另外還有黃金傘蓋、金座、金杵、金爵、寶柄腰刀，又賜黃金一大錠、銀四大錠，乘駝、騾、全套黃金鞍轡。復於虎年為法緣又賜給白銀五十六大錠、茶二百包、錦緞一一〇匹。總

之，作為布施已賜給詔書及各種物品。你等藏地方的僧人，當知曉此意，不然如何遵奉詔令。你等僧人不可爭官位，官多呵不好，亦不可依恃詔書欺凌他人。你等僧人不從軍、不征戰，依著釋迦牟尼的教法，懂得的呵講，不懂的呵聽，專力問法、誦經、修持，禱告上天，為我祈福。或有人曰，不必學經，修持即可。不學經呵如何修持，懂然後修持麼！老僧們當用言語教幼僧學法，幼僧於老僧處聽經。你等僧人已免兵差、賦稅、勞役，此是上師及三寶之恩德，你等豈有不知乎？若你等不遵行釋迦牟尼教法，則蒙古人眾必曰：釋迦牟尼教法真正可行嗎？豈不要問罪於你等耶？你們不可以為蒙古人對此一概不知，偶然會有一次兩次不知，最終也必知之。你等僧人不可做歹事，不可使我在人面前丟臉。你等應依照教法行事，告天祈福，你等的施主由我擔任。

「此是汗王的詔書，陽木虎年（1254 年）仲夏月（5 月）9 日於漢藏交界之地的上都寫就。」

從上述的詔書中，可以清楚地知道在八思巴初次向薛禪汗傳授灌頂之時，薛禪汗向八思巴奉獻了哪些東西作為供養。

西元一二五五年即藏曆第四繞迥的木兔年，眾生依怙八思巴於二十一歲之時前往漢地和蒙古交界的忒剌地方，以涅塘曲傑扎巴僧格為堪布，以覺丹巴索南堅贊為阿闍黎，以雅隆巴絳曲堅贊為屏教師，在二十名具信比丘之中接受了具足戒。此後返回上都，並在一二五七年前往五臺山，廣泛聽習和聞思佛法。西元一二五八年（藏曆第四繞迥土馬年），他在開平的王宮中奉薛禪汗之命參加佛教與道教之間的辯論，使得十七名道教徒改奉佛教並出家為僧，薛禪汗大為高興，他

也因此更受重視。

　　西元一二六〇年即藏曆第四繞迴的鐵猴年，薛禪汗登上了皇帝位，隨即封八思巴為國師，並賜給羊脂玉印，這見於漢文史籍的記載。藏文《漢藏史集》則說：「此後前往大都宮中，八思巴給薛禪汗及其皇后、皇子等人傳授了密法三部大灌頂。薛禪汗封八思巴為帝師，作為接受灌頂的供養，向八思巴奉獻了烏思藏十三萬戶及難以計數的物品」[8]。按照這一記載，我們認為薛禪汗將烏思藏的管理權力授予薩迦派的八思巴的時間大概是在西元一二六〇年。

8　達倉宗巴·班覺桑布《漢藏史集》，四川民族出版社 1985 年版，第 327 頁。

薛禪汗忽必烈迎請
噶瑪拔希到中國內地

　　噶瑪拔希亦名卻吉喇嘛，按《賢者喜宴》的記載，他是朵甘思金沙江流域董其里擦多地方人，出身於哉波務家族，生於西元一二〇六年即藏曆第三繞迥的陽火虎年。最初名叫卻增，十一歲時跟從喇嘛蚌扎巴出家，起名為貝欽波卻吉喇嘛。以後，到年齡時受了比丘戒。其後他努力聞思修習，獲得了賢哲和成就者的聲名。

　　他前往烏思藏，在楚布住了六年，修繕寺院，並使其興盛。

　　「不久，忽必烈王子派人送來詔旨，請他前往邊地燃起教法的明燈。他經過朵甘思前往，於第四繞迥木兔年（西元 1255 年）在絨域的色堆地方會見了王子忽必烈，然後前往忽必烈王子的宮帳，與忽必烈王子結為福田與施主，關係融洽。忽必烈請求他長期留下，由於他預見到將來會受到猜忌，所以沒有接受，使得王子有些失望」。[9]按這一記載，忽必烈大概是因為薩迦派的八思巴年紀很輕，希望年齡大一

9　巴俄·祖拉陳瓦《賢者喜宴》，民族出版社 1986 年版，下冊，第 888 頁。

些的他能對蒙古皇室治理西藏發揮作用，不過顯然八思巴在政治方面的反應要比他敏捷。

此後，他漸次前行，「在漢地、西夏、蒙古、西藏所有地方之王蒙哥汗即位四年之後的火龍年（1256 年），到了杭蓋地區的大宮殿賽熱斡耳朵（斡耳朵為蒙古語，意為宮帳、宮廷，元朝皇帝、皇後建有各自的斡耳朵，管領其財產和私屬民戶，死後由親族繼承。如成吉思汗有四大斡耳朵，忽必烈也有四大斡耳朵），會見了皇帝蒙哥汗。蒙哥汗當時信奉的是蒙古也里可溫教士（也里可溫是蒙古語對景教教士的稱呼，意為有福分的人。景教是唐代以來流行於中亞一帶的一種基督教流派，有記載說蒙哥汗的母親信奉景教。實際當時蒙古人接觸多種宗教，對各種宗教都允許其存在）的教法，他使蒙哥汗轉變信仰，變成佛教信徒；為蒙哥汗傳授了灌頂和教誡等，並提出清理監獄十三條，赦免所有獄中犯人；還制止了以人填河渠的辦法（蒙古軍為鎮壓漢地居民的反抗，將反抗者驅入河渠中淹死）；還使蒙哥汗下令，命治下的臣民在每月四個吉日不殺生，初一和十五實行齋戒，做十善法行。在庫妝木，蒙哥汗興建了無數佛殿，又下令在漢地、蒙古、西夏、畏兀爾等各個地區修復和新建佛殿和佛塔，並供給所需物品」[10]。蒙哥汗對他十分崇信，請他長期相隨，他察知時事將有變化，向蒙哥汗要求准許返回西藏。「皇帝賜給他詔書，讓他掌管所有事務，讓所有的僧人都奉行教法，並說要他很好地掌管法律，（噶瑪拔希）沒有接受這個世俗的權力。」

西元一二六〇年，「鐵猴年，蒙古皇帝蒙哥汗在蠻子地方去世。

---

10 《賢者喜宴》下冊，第 881-890 頁。

皇帝的兒子和大臣們立成吉思汗（應為拖雷）的第七子阿里不哥為帝，皇子闊端等在西夏地區的王子們立成吉思汗（應為拖雷）的第四子忽必烈薛禪汗為帝，這樣分成了兩個皇帝」[11]也即是說，那時成吉思汗的後裔們內部先後形成了兩派，出現了重大的矛盾衝突。在這種形勢下，西藏的各個高僧和貴族勢力也分別依靠蒙古皇族的不同勢力，分別擴展自己教派的力量。

此前，蔡巴噶舉和薩迦派依靠忽必烈薛禪汗，止貢噶舉依靠蒙哥汗，互相競爭，誇耀自己的靠山。因此，噶瑪噶舉派開初依靠忽必烈，後來看到競爭不過薩迦派，又轉而依靠皇帝蒙哥汗。蒙哥汗去世後，又依靠蒙哥汗一方的阿里不哥。當時，蒙古皇帝的大權究竟由阿里不哥還是由忽必烈薛禪汗執掌，不僅是成吉思汗後裔的兩派勢力誰勝誰負的關鍵所在，而且也成為當時西藏聲望最高的兩大派即薩迦派和噶瑪巴雙方勢力較量的關鍵性問題。

「薩迦和蔡巴的名叫噶熱的弟子對閻羅舉行差遣鬼神勾攝王子阿裡不哥的儀軌，咒死了阿里不哥，使國土之內全部大亂……（忽必烈）下令讓大成就者前去，將他交給劊子手」，對噶瑪拔希施用各種刑罰，而他示現了許多神變，身體一點也沒有受到傷害。此後被流放到大海邊上，住了三年。最後薛禪皇帝「請他擇地安住，為皇帝祈福，並賜給他許多物品。」「噶瑪拔希離開京城上都，用了八年，返回楚布」[12]。

11　《賢者喜宴》下冊，第 894 頁。

12　《賢者喜宴》下冊，第 894 頁，第 895 頁，第 900 頁。

據說這位噶瑪巴能自主控制氣脈，獲得大成就，因此宗教聲望很高，事業廣大。他在楚布建造了被稱為「贍部洲嚴飾鍍金大銅像」的釋迦牟尼像等許多佛像，擴建了寺院，使噶瑪噶舉教派有很大發展。他的有根器的弟子很多，主要的有成就者鄔堅巴、意希旺秋、仁欽貝等獲得證悟和瑜伽自在的上師。從他開始，出現了歷輩以轉世靈童的方式不斷承繼的例規，歷輩噶瑪巴都成為西藏有聲望的高僧。到明代，噶瑪噶舉成為西藏最為興盛的教派，其基礎是他奠定的。他於西元一二八三年即藏曆第五繞迴水羊年去世。在世俗的政務方面，由於違背了元朝薛禪汗的心意，沒有大的建樹，不過他在漢地、蒙古、西夏各地都有重大的宗教業績，和元朝皇室的一些成員建立了連繫，在增進西藏和中國的關係方面，他也是一個有貢獻的人。

宣佈吐蕃三個卻喀納入
元朝統治在西藏設立驛站

　　蒙古皇帝薛禪汗於西元一二六〇年即位，封眾生依怙八思巴為國師。就在當年，派遣大臣答失蠻帶領軍隊前來西藏，主要任務是，宣佈整個藏族地區都納入薛禪皇帝忽必烈的統治之下，並從中國內地直到具吉祥薩迦寺之間設立稱為「站」的接送和款待欽差使臣的驛站。《漢藏史集》中記載：「為了宣佈吐蕃地區歸入忽必烈統治之下和設立驛站，派遣名叫答失蠻的大臣，前來薩迦。」書中還記載了皇帝吩咐答失蠻的話：「『答失蠻聽旨！吐蕃之地，人民勇悍。先前吐蕃有國王統治時，在唐代宗皇帝時期，許多吐蕃軍隊曾到達五臺山，在巴府定府地方，留下了許多稱為噶瑪洛的軍隊駐守。現今吐蕃之地無王，仰仗成吉思皇帝之福德，廣大國土俱已收歸我朝統治。薩迦喇嘛也接受召請，擔任我朝的上師。上師八思巴伯侄，如果是一方之主，則其學識廣大，我等不及，如今也在我朝管轄之下。答失蠻，汝品行良善，速前往薩迦一次，使我聽到人們傳頌整個強悍的吐蕃已入於我薛禪皇帝忽必烈治下，大臣答失蠻已到達薩迦的消息。』答失蠻啟奏說：『臣謹遵陛下之命前往。然則，吐蕃者，其民凶悍，彼等毀壞自

己之法度，又不遵漢地、蒙古之法度，又不立邊哨巡守。我等來回之經費物資，以及大事如何完成，請頒明示。』皇帝再次下令說：『汝等如能使朕聽到整個強悍的吐蕃已納入治下的讚頌即可。路上所需各處物品，俱由御庫官員撥給。直至薩迦以下的地方，可視道路險易，人民貧富，選擇適宜建立大小驛站之地，仿照漢地設立驛站之例，建立驛站。使上師八思巴前往吐蕃之時，一路平安順利。另一方面，你受任宣政院之職，如能詳細了解吐蕃地方之情勢，對所掌之大事及眾人必有利益，汝其前往。』答失蠻接受了上師的法旨、皇帝的札撒（詔書）等，帶領許多隨從，攜帶來往路上所需物品，以及從大小御庫領出的吐蕃各地大小僧俗首領頒發賞賜所需的物品，前來吐蕃」[13]。

按照這一歷史古籍所記的基本史實，蒙古皇帝的力量將整個藏族地區納入其統治之下，到這時已過了將近二十年，因此在統一吐蕃方面並不存在什麼問題，不過由於蒙古皇室各派勢力都力圖擴大自己的權勢，存在著矛盾，同時由於藏族地區經歷過長時期分裂割據，加上宗教派別的偏見等，使得止貢噶舉和噶瑪噶舉等大的地方僧俗勢力不願意承認薩迦派的統治，他們依靠在蒙古皇室中的各自的靠山，希望在藏族地區內部像以前一樣保持各自的勢力範圍，因此也存在各種阻力。為了緩和這些矛盾，實現藏族地區的統一，忽必烈提出了宣佈整個藏族地區納入薛禪皇帝的統治之下以及為了上師八思巴返回西藏時道路安全暢通而設立驛站的兩項任務。

答失蠻帶領隨從人員抵達脫思麻（安多）後，首先在藏傳佛教後

---

13 《漢藏史集》第 273-275 頁。

弘的教法發源地丹斗水晶佛殿（丹斗寺，在今青海化隆縣境內）召集
脫思麻地區的大小僧俗首領集會，給他們分別頒給適宜的賞賜，宣讀
皇帝的詔書，並在該地區設立了七個驛站。此後他們又到達朵甘思
（康區），在卓多桑珠（該地又稱乃賽）舉行了與上述相同的集會，
設立了九個驛站。此後到達薩迦寺，召集烏思藏的大小首領集會，頒
發給各種賞賜物品，宣佈了詔書，並結合清查戶籍人口，設立了由前
藏負責支應的七個驛站，即索（今西藏那曲地區索縣）、夏克、孜
巴、夏頗、貢、官薩、甲哇（在拉薩北面羊八井一帶）等，由後藏負
責支應的四個驛站，即達（今日喀則境內）、春堆（今日喀則境內）、
達爾壠、仲達（今薩迦縣境內）等，並規定了由各個萬戶為驛站提供
差役供應的制度。

　　答失蠻不僅完成了在整個藏族地區宣佈皇帝的詔書和上師的法旨
的任務，並且對藏族地區總的和個別的情況都有了認識，他返回薛禪
皇帝駕前，對辦理的情況做了詳細的奏報，受到皇帝的嘉勉和獎賞，
並被委任為宣政院衙署的主要官員。答失蠻向皇帝奏請，說吐蕃各地
的驛站都是新設立的，為保證驛站的安定，需派遣專人前去管理。為
此，皇帝對名叫額濟拉克的大臣頒給管理吐蕃各驛站的詔書、委以同
知的官職，派他前來藏族地區。從此以後，在蒙古與薩迦派結為施主
與福田的整個時期中，藏族地區的二十七個驛站始終維持平安，使薩
迦的帝師、本欽以及蒙古和西藏的使者們來往道路平安，整個藏族地
區的百姓得到幸福[14]。驛站是接待和迎送以金字使者為主的過往旅客
的機構，在各個大站負責的區域中又設有若干小站，各小站之間的距

14　《漢藏史集》276 頁。

離，大約為騎馬者一天的行程。為各個驛站劃有一部分差戶，他們在各站範圍內支應烏拉差役。

西元一二六二年，即藏曆第四繞迥水狗年，八思巴從中國內地往西藏捎寄來許多金銀和物品，由本欽釋迦桑布負責，在薩迦寺的鄔孜寧瑪殿西面，興建了最早的一座大金頂殿。

西元一二六四年即藏曆第四繞迥的木鼠年，薛禪皇帝將都城從上都遷到大都（今北京市）。根據《元史》的記載，當年元朝新設立了一個稱為總制院的機構，其職責是管理全國的佛教僧人和整個吐蕃地區，是當時元朝政府設立的掌管整個藏族地區事務的中央王朝的機構，八思巴以皇帝的上師的身分管理這一機構（即領總制院事），而該機構自己的負責人——院使由皇帝任命的大臣桑哥擔任。總之，元朝皇帝封八思巴為全國佛教的領袖，並授予他管理藏族地區三個卻喀的事務的權力。

按照《漢藏史集》的記載，「各個卻喀都有一位本欽，是按照皇帝與上師商議決定而任命的」[15]。也即是說，藏族地區的重大問題由皇帝與上師商議，上師向皇帝說明情況，然後做出決定。

這樣，從最初蒙古的將領多爾達赤用武裝力量結束藏族地區分裂割據的歷史，使整個藏族地區歸入蒙古皇子闊端的管轄，再經過二十多年的各大地方勢力依靠蒙古皇室的各成員做自己的靠山，最後到元朝皇帝薛禪汗下令撤除蒙古其他皇室成員在藏區各個大的萬戶府中分別設置的稱為守土官的蒙古軍隊，在西藏建立了統一的守衛的軍隊。

---

15 《漢藏史集》第 278 頁。

在此基礎上，皇帝把管理西藏地方的權力集中到薩迦巴，從此以後，西藏地方真正成為中國皇帝的管轄地區。

　　元朝皇帝薛禪汗不僅封八思巴為整個西藏的首領，而且在藏族地區劃出土地和民戶獻給薩迦巴作為領地和屬民。「薛禪皇帝之時，在對吐蕃廣大地面清查人口戶籍之時，是從朵思麻開始清查的。在河州的熱布卡（渡口）地方，有屬於囊索管轄的莊園，在城牆根有叫做喇嘛城的，再往下有叫做典康谿的莊園，這些是按照聖旨奉獻給上師八思巴的份地，不負擔府庫及驛站等漢地、吐蕃的任何稅賦差役，不在編籍之內。據說有可下 500 蒙古克種子的田地」[16]。薩迦巴的比這更大的領地在後藏地區，這些不負擔差稅的土地和人口，後來到帕竹掌權後，也沒有根本性的改變，仍然保留為薩迦拉章的寺屬莊園。這清楚地顯示出，從西藏再次統一之初開始，薩迦巴的管轄就有公和私兩方面的差別。

16　《漢藏史集》第 277 頁。

第八節

珍珠詔書的賜與八思巴
返回西藏新建薩迦的機構

　　按照《薩迦世系史》記載，由於眾生依怙八思巴再次向皇帝薛禪汗提出請求，請皇帝頒發詔書，明確規定金字使者和蒙古軍人等不得在寺院或僧舍住宿，不得向寺院派烏拉差役不得向寺院征稅，皇帝同意了，為此在西元一二六四年即藏曆第四繞迴木鼠年發布了一件被稱為《珍珠詔書》的聖旨。詔書的全文如下：

　　「長生天氣力裡，大福蔭護助裡，皇帝聖旨。

　　諭示僧人每根底，俗民各部：

　　求今世之福樂，當依成吉思皇帝之法度而行，求來世之利益，當依止教法。故此，朕已於釋迦牟尼之道生起正見，向善解教義並明白宣示於人之上師八思巴請求灌頂，封其為國師，並命其為所有僧眾的護持者。上師奉行佛法，管教僧眾，對講經、聽法、修習等善頒法旨，僧眾們不可違了上師之法旨。此乃佛陀教法之根本，懂得教法的僧人講經，年幼誠實者學法，懂得教法而不能講經者可照律修持。佛教之教法正應如此，朕任僧眾之施主，敬奉三寶之意亦在此也。汝等僧眾如不講經、聽法、照律修持，則佛教教法何在？

佛陀曾言，我之教法如獸中之王者獅子，若非體內生害，外部無物能毀也。朕駐於大道，對遵奉聖旨、通曉教法之眾人，不分派別一體尊崇奉養。對依法而行的僧人們，其餘軍官、軍人、守城官、達魯花赤、金字使者等，無論何人，俱不得（對僧眾）欺侮，不派兵差、賦稅、勞役。汝等（僧人）不可違了釋迦牟尼之道，應祈願禱告上天，為朕祈福。朕頒賜扎撒與汝等持有，僧人們之殿堂、僧舍，金字使者不得住宿，不得征派供應及烏拉。屬於寺院之土地、水流、水磨等，任何人都不得搶奪、不得徵用、不得倚勢出售。僧人們亦不可因為有了扎撒，做不遵釋迦牟尼教法之事。

皇帝聖旨於鼠年仲夏月（五月）一日，寫於上都。」[17]

詔書中所說對於八思巴「封其為國師，並命其為所有僧眾的護持者。」清楚反映出委派八思巴負責總制院事務的情形。

在派遣大臣答失蠻等人到藏族地區設立驛站，並用蒙古的法度安定藏區各地後，西元一二六五年即藏曆第四繞迴木牛年，上師八思巴按照皇帝的旨意，返回西藏並登上薩迦法座後，興建了扎西郭莽佛塔，寫造了二百多函的金汁書寫的佛經，對西藏的各個佛像佛塔及寺院奉獻供養等，還按皇帝的旨意，努力創製新的蒙古文，撰寫語音學著作。尤其是他還結合對西藏情況的詳細的考察，以極大的心力重新設置薩迦的各種職官。

八思巴本人是西藏地方的政教各方的首領，而各種具體的事務則由薩迦的本欽按照上師的心願去執行。第一任薩迦本欽是仲巴·釋迦

---

17 《薩迦世系史》第 160-162 頁。

桑布，他是由八思巴提名，由皇帝薛禪汗賜給「烏思藏三路軍民萬戶」的名號和銀質印章而任命的。在本欽之下，有三個一組的職官三組：即索本、森本、卻本為一組；司賓、仲譯、司庫為一組；司廚、接引、掌座具為一組。還有兩個一組的職官兩組：管鞍具、管馬匹為一組；管牛、管狗為一組。這些總計為十三種的職官被總稱為一位偉人應有的十三侍從官員。到十七世紀五世達賴喇嘛重新組建原西藏地方政府時，有許多職官仍是在薩迦的職官制度的基礎上設立的，這方面的情形可參閱第巴桑結嘉措所著的《水晶明鏡》。索本負責檢查和呈遞上師的飯食，森本負責管理伺寢僕役、袈裟衣物及其他身邊零星的日用品，卻本負責供祀神佛的安排及供品的管理、陳設等宗教方面的活動；司賓亦稱卓呢爾（仲尼爾），負責安排上師會見賓客、引見和接待賓客、代表上師聯絡上下人員，仲譯即文書、秘書，負責上師來往書信、文稿寫作等事務；司庫負責上師的拉章的物品錢財的收支等；司廚負責製做上師的飲食；接引負責在舉行法事活動時分發食品、傳遞賞賜物品等；掌座具者負責上師的座具，並為上師接見的賓客、官員等按其身分地位鋪設適當的座位；管鞍具者是在上師正式外出時負責安排馬、旗幟、鼓吹等儀仗排列，管馬者負責上師的乘馬、騾子等公務所用的牲畜的飼養；管牛的負責公務用的犏牛、犛牛飼養等畜牧方面的事務，管狗的負責養狗及晚間巡查。這些職官有高下之分，高級侍從的職責重大，地位也較高。

在上述的職官設置中，根本沒有見到法官、軍官一類的官員，這清楚地表明薩迦巴只是在元朝皇帝的統一管護下的西藏地方的首領。

八思巴在西藏建立了政教兩方面的功業後，大皇帝又派遣金字使者前來迎請，因此他在西元一二六七年即藏曆第五繞迴的火兔年從具

吉祥薩迦寺出發，前往中國內地。本欽釋迦桑布為他送行，當他們師徒一行東行到傑日拉康，巡禮寺院時，上師八思巴說：「其人有能幹的侍從，故能建成這樣的佛殿。」本欽在上師的身後，聽到這句話，就請求說：「上師如果喜歡，我請求建一座能把這座佛殿從天窗中放進去的大佛殿。」八思巴說：「如此很好。」於是釋迦桑布立即進行了測量，帶回薩迦。第二年（1268年），本欽向藏北當雄、索拉甲沃以上的烏思藏各個萬戶、千戶以及屬民部落發布命令，徵調烏拉差役，為薩迦大殿奠基。據說他還依次興建了仁欽崗拉章、拉康拉章、都卻拉章。當薩迦大殿的牆基和內圍牆、角樓還未完工時釋迦桑布去世，薩迦大殿餘下的工程以及內部佛像的建造、三個拉章的興建完工，都是在第二任薩迦本欽貢噶桑波時完成的。

此後，上師八思巴經過藏北前往朝廷，一路上廣利無量眾生。當他抵達京城附近時，皇帝的長子真金太子、后妃、大臣等眾人（在印度大象的背上安設珍寶瓔珞裝飾的寶座），帶著飄揚珍貴錦緞纓穗的傘蓋、經幡、旌旗以及盛大鼓樂前來迎接，八思巴在盛大的儀仗引導下進入都城。八思巴在朝見薛禪汗時，獻上他新創製的蒙古文字的字樣和音韻著作，使皇帝非常歡喜。在他三十六歲的西元一二七〇年，即藏曆第五繞迴陽鐵馬年在皇帝再次向他請求傳授灌頂時，將西夏甲郭王的印改製為六棱玉印，封為「皇天之下、大地之上、西天佛子、創製文字、化身佛陀、輔治國政、詩章之源、五明班智達八思巴帝師」，並賜給專門的詔書以及眾多供養物品。

當時西藏其他各教派勢力還有深厚的基礎，薩迦派能不能對它們實行管理還難以肯定，因此在西元一二六八年即藏曆第五繞迴土龍年，皇帝又派遣以阿袞和米林為首的金字使者，帶領隨從與薩迦本欽

釋迦桑布一起對烏思藏的戶口進行了第二次清查，並通過清查，重新組建了被稱為十三萬戶的行政機構。按照元朝皇帝的命令，前後在西藏地區進行過三次戶口清查，其詳細情形，我們將在後面介紹。

第九節
作為元朝皇帝政治顧問的八思巴

在薛禪皇帝和上師八思巴之間，並不僅僅是施主和福田的宗教關係。在涉及國家政治的大事方面，上師八思巴也是皇帝的一位主要的顧問。首先，在薛禪汗忽必烈對大臣答失蠻的談話中說道：「上師八思巴伯侄，如果是一方之主，則其學識廣大，我等不及。」對八思巴的政治見識給予了充分肯定。而且在事實上，《漢藏史集》也記載了八思巴為皇帝提供政治建議的事例。該書記載說：「當皇帝薛禪汗與上師八思巴施主與福田二人在一起融洽地交談時，皇帝對上師說：『當初在成吉思皇帝收服廣大國土之時，後來在我整治安定國土之時出過大氣力的蒙古的軍士們，如今財用不足，可有什麼增加他們的財物和改進收支的辦法？』上師答道：『陛下可清點自己府庫中的財物和實有的軍士的數目，在數年之中給以固定數量的衣食生活物品的賞賜。』皇帝照此行事，共點得根本蒙古軍 50 萬人，另有大量怯薛（輪值的宿衛）衛士。」

八思巴對於元朝的軍事、大臣的選任等重大事務，也與皇帝進行商談，提出建議，對中國大統一的事業做出了貢獻。

有一個名叫桑哥的大臣，出身於噶瑪洛部落，又懂得蒙古語、漢語、畏吾語、藏語等多種語言，他最初在脫思麻的漢藏交界處拜見了上師，請求准予效力，八思巴委任他為譯吏，並多次派遣他去皇帝的駕前辦事。皇帝也因為他有學識功德，將他從上師處取來，委任官職，他任各級官職俱能勝任，最後升至宣政院的米本（主管官員）[18]。他後來在上師去世時曾領兵入藏，攻破白朗甲若宗城堡，將本欽貢噶桑波正法，還重建了西藏地區的驛站制度。

---

18 《漢藏史集》第 288 頁。

第十節
八思巴再次返藏及去世元朝在西藏駐兵

八思巴在薛禪皇帝身邊又居住約八年後，再次請求准許返回西藏，皇帝在要求他儘快再次來京城的條件下同意了他的請求。八思巴啟程時，皇帝心中戀戀不捨，親自送行。結果送行的時間從幾天增加到幾個月，據說最後一直送到青海瑪沁蚌拉（亦稱阿尼瑪卿山，在今青海省果洛藏族自治州境內）山下的黃河河曲，並從那裡又派皇子真金率領隨從一直護送回薩迦寺。經過長途跋涉，西元一二七六年即藏曆第五繞迴火鼠年，八思巴抵達薩迦寺。

次年（1277 年），由皇子真金擔任施主，在後藏的曲彌仁摩（在今日喀則市境內）地方的曲德欽波（大寺院），由八思巴舉行大法會。藏區上下各地的七萬名僧人、精通數部經典能擔任講經的善知識大德數千人，加上普通眾生總數達十萬人以上參加了法會。半個月的法會期間，八思巴給大眾賜給了難以思量的教法和物品供養。這就是西藏歷史上著名的曲彌大法會。由於這些活動，元朝皇帝的「薛禪法王」的聲名傳遍了西藏的各個地方。

八思巴後半生主要從事講經、辯論和著述等宗教方面的活動，他的著作有很多種，詳見《薩迦五祖文集》。他的賢能和有成就的弟子也很多。另一方面，由於他對蒙古、西藏的貴賤人等以及不同的教派都能不偏不倚地協和護持，賜給對眾人有利的政治和宗教方面的教導，所以他對國家安定，民族團結盡其可能地做出了卓越的貢獻。

　　八思巴在他四十六歲的鐵龍年（1280 年）十一月二十二日伴隨著諸種奇異的景象，在薩迦寺的拉康拉章示寂，不過關於他的去世存在有重大的疑問，按照《王統神幻鑰匙》（即《新紅史》，班欽·索南扎巴著）等其他方面的一些文獻附帶提及的說法，當時八思巴的大侍從和本欽貢噶桑波因為爭權不和，侍從一再在八思巴耳邊進挑撥之言，製造八思巴與本欽之間的矛盾，還假冒上師的名義向皇帝奏報本欽的罪過，於是皇帝立即派遣一名法官率領大批軍隊前來查辦。當法官和軍隊快要到達烏思藏地區時，侍從害怕自己的謊言會被揭穿，於是在上師的飯食中下了毒藥，害死了八思巴，後來這名侍從也因悔懼而服毒自殺[19]。

　　關於元朝皇帝薛禪汗派遣曾擔任過總制院院使的大臣桑哥率領執法軍入藏的情形，是在根本的七萬蒙古軍之上，增加朵甘思、脫思麻地區的軍隊，組成超過十萬人的執法軍。西元一二八一年即藏曆第五繞迥鐵蛇年，執法軍先攻下朗卓康瑪土城，接著對白朗甲若宗（即今白朗縣境內的諾布穹孜）包圍炮轟，攻破了城堡，將貢噶桑波處以極刑。

---

19 西藏人民出版社 1982 年 6 月版，第 57 頁。

當時元朝皇帝的將領在西藏南北各地留兵駐守地方：「此後，大臣桑哥前來薩迦。執法大軍返回內地。在蚌波崗，由尼瑪袞和達爾格為首，抽調精兵，留下一六〇名兵士，擔任達瑪巴拉大師的警衛隊。又從 7 個蒙古千戶的軍隊中，抽調七百人，擔任警戒西路蒙古的哨所的駐軍。在南木官薩地方，留下以烏瑪爾恰克為首的蒙古軍四百人。以多爾臺為首的巴拉克的軍隊留駐塞日絨地方。衛普爾的軍隊，留駐甲孜、哲古（山南的哲古）、羊卓等地方，鎮攝冬仁部落（珞巴或門巴的部落）。多爾班土綿的軍隊留駐當雄那瑪爾、朗絨等藏北草地。」[20]這裡清楚地記載了駐守軍隊的將領的名字、士兵數目、駐地、任務等，它明確地顯示出當時西藏的安全和邊境的守衛等軍事方面的各種事務都是由元朝皇帝的政府統一安排佈置的。

　　此外，還對由前藏的六個萬戶支應的七個驛站的管理辦法重新做了重要安排。「在此之前，在藏北的驛站，如索、夏克、孜巴、夏頗、貢、官薩、甲哇等大站，是由吐蕃烏思（前藏）地方各個萬戶的人整年駐站支應，十分艱苦費力，烏思地方的人又不適應藏北氣候條件，故一再逃亡，使驛站不能穩定，蒙藏來往的金字使者和旅客沿途得不到烏拉差役供應，往往需得自己設法照料。按照眾人的請求，大臣桑哥命令衛普爾、巴拉克等軍留駐藏北的部隊，撥出一部分人負責驛站事務。並規定烏思地方各個萬戶，以達果（50 戶為一個達果）為單位，將馬匹、馱畜、乳畜、肉羊、供給驛站的青稞、褐布、帳蓬、馬鞍、坐墊、繩具、爐子、臥具、藥品以及人戶統統交給蒙古軍隊。從此，烏思地方之人，不必在藏北駐站，而是每年派人把應交付

---

20 《漢藏史集》第 291 頁。

驛站的物資運送到藏北交給蒙古軍，來往旅客在驛站常有烏拉供應，
對眾人俱有利益，這也是桑哥的恩德。」²¹

---

21 《漢藏史集》第 292 頁。

第十一節
恰那多吉父子

　　恰那多吉六歲時隨法主薩班前往中國內地，並跟從薩班和八思巴聽受了許多灌頂法和教誡等。在中國內地住了大約十八年後，他於二十五歲的西元一二六三年即藏曆第四繞迥水豬年動身返回薩迦寺。《漢藏史集》記載說：「汗王闊端讓他（恰那多吉）穿蒙古服裝，將墨卡頓嫁給他為妻。後來朝見了薛禪汗，受封為白蘭王。賜給了金印、同知左右衙署等，委任於整個吐蕃之上。對於整個吐蕃以及薩迦派來說，受封為王的官爵，這是最早的。」[22]此後的四年中，他護持利益眾生事業，最後於西元一二六七年即藏曆第五繞迥火兔年在薩迦去世，當時二十九歲。

　　恰那多吉共娶了三個妻子，前兩個沒有生育，第三個為夏魯地方的坎卓本，恰那多吉去世六個月後的西元一二六八年即藏曆第五繞迥土龍年，生了達瑪巴拉，長得十分可愛，據說因擔心他受到地震的傷

22　《漢藏史集》第 330-331 頁。

害，專門為他建造了一座「辛康拉章」（木頭寢殿）。當八思巴返回薩迦寺時，他將近九歲，八思巴給他逐步傳授了灌頂、教誡、經咒等，加以培養。十三歲時，八思巴去世，由他護持薩迦寺的法座並主持為八思巴辦理後事，舉行超度薦亡及興建靈塔等活動。

達瑪巴拉十四歲時前往京城，朝見皇帝薛禪汗，皇帝十分高興。他在京城的梅朵熱哇住了五年，建造了一座存放上師八思巴的舍利的水晶塔，並修建了安置水晶靈塔的佛殿。此後動身返回西藏，行至朵甘思，於他二十歲的西元一二八七年即藏曆第五繞迴火豬年在哲明達去世。

達瑪巴拉曾娶蒙古諸王啟必貼木兒（闊端的兒子）的名叫貝丹的女兒為妻，沒有生子。他另娶一名叫達本的女子為妻，生有一子，幼年時夭逝。

達瑪巴拉去世後，似乎沒有了公認的薩迦家族的後嗣，所以在一段時期內由夏爾巴（薩迦東院弟子傳承）絳漾仁欽堅贊護持薩迦寺的法座十九年。

第十二節
薩迦與止貢派矛盾的激化
止貢寺廟之亂

　　止貢寺廟之亂是薩迦巴統治西藏期間發生的最大一次戰亂，也是西藏歷史上一次著名事變。

　　據說薩迦與止貢的矛盾最初產生的情況是這樣的。西元一二三四年即藏曆第四繞迴木馬年，止貢派的上師溫仁波且索南扎巴去世。當時有一批被稱為「止貢日巴」的修行者前去崗底斯山，途經薩迦寺時，會見了薩迦班智達。薩班問：「溫仁波且逝世時有什麼徵象？」一位日巴說：「逝世時降了舍利雨，出現了一尺高的大印金身像。」第二天在法苑中，薩班對止貢日巴說：「你們學識太廣大了，我對你們給不了什麼恩德。不過你們再不要像昨天那樣說大話了。」止貢派的人漸漸聽到這話，十分不滿。後來止貢派得勢時，多吉貝（京俄扎巴迴乃的侍從，曾任帕竹萬戶長）擔任後藏地區的官員，記起這段恩怨，就在薩班的法苑中跑馬，在大銅鍋中貯水飲馬，拆毀房屋改為街市，引起薩迦派眾人的氣憤。由於偏執於教派之見，開始引起糾紛。

　　薩迦與止貢兩派產生矛盾的最主要的原因是，在蒙古的成吉思汗

的後裔們統一整個藏區之時，在各地方勢力中止貢派的力量和聲望首屈一指，所以當多達那波的軍隊到達西藏時首先與止貢派建立了連繫，而止貢派在蒙古皇室中尋求靠山時也是找的大汗蒙哥汗，還得到了旭烈兀汗的大力支持，而薩迦派依靠法主薩班的非同凡響的名望，得到闊端汗、薛禪皇帝的支持，尤其是薛禪皇帝為了治理整個藏區的便利，將地方的行政權力交給薩迦巴。這樣薩迦派和止貢派成為互相競爭的兩個主要對手，而他們的爭奪正是西藏地方內部的權力鬥爭。

例如，按照《漢藏史集》的記載，當薩迦和止貢開始發生紛爭之時，為了打官司對質，雙方都要派有身分的人前去（蒙古），「薩迦派的是本欽釋迦桑布、格西仁欽遵追、仁波且頓楚三人，他們為了上師、教法、寺院，毅然前往。因為是去打官司，所以從蔡公塘起，直到上都，都背著木枷步行前往。在朝廷打官司很順利，薩迦派的事務都如願完成」[23]。雖然這裡沒有寫明這場訴訟的年代，但是提到去上都打官司，應當是發生在西元一二六四年薛禪汗把都城從上都移到大都之前，即西元十三世紀六〇年代初或稍早一點。從這一歷史事件中，不僅反映出薩迦派和止貢派的尖銳的矛盾，而且說明當時西藏在遇到這種蒙古官員也不能決定的重大訴訟案件時，要把訴訟雙方的主要人物送到元朝皇帝的京城去進行審理。這次的訴訟薩迦派獲勝，但止貢派並沒有服氣，仍一再地挑起爭端。特別是西元一二八五年即藏曆第五繞迴木雞年，止貢派的古尚楚傑領兵進攻屬於薩迦派的恰域，將恰域寺縱火燒燬，並殺害了恰域寺的堪布桑結藏頓及九名僧人，戰鬥中古尚楚傑父子等人也被殺死，造成薩迦與止貢兩派間的矛盾更加

---

23 《漢藏史集》第 404 頁。

尖銳，對立更趨嚴重。

由於上述的薩迦與止貢派的矛盾的多次積累，到薩迦本欽宣努旺秋、絳曲多吉時期，衝突糾紛仍延續不斷。

按照一些文獻的記載，西元一二八五年即藏曆第五繞迴木雞年，止貢派的官巴袞多仁欽去向西部蒙古的汗王旭烈兀請求派兵支援，從阿拉伯地區領了九萬名西部蒙古的軍隊前來西藏，準備徹底推翻薩迦巴的統治。當時，元朝皇帝派駐在西藏的守土的軍隊和薩迦本欽阿迦侖率領的烏思藏各萬戶的軍隊在拉堆的巴莫貝塘地方紮營安寨，以抵禦西部蒙古軍隊的來犯。但是當年阿里西北地區下了一場從來沒有聽說過的大雪，據說三萬西部蒙古軍被掩埋在大雪之下。由於進軍受阻，（西部蒙古的軍隊）沒有能夠到達西藏。

這樣，在薩迦派和止貢派之間發生了戰鬥衝突，使得整個吐蕃烏思藏都處在大動盪之中，因此皇帝薛禪汗派遣王子鐵木兒不花率領蒙古軍和脫思麻、朵甘思的軍隊前來西藏，同時，薩迦本欽阿迦侖也帶領烏思藏的大批差役兵士配合，於西元一二九〇年即藏曆第五繞迴的鐵虎年進兵攻打止貢派，將止貢寺的大殿縱火燒燬，僧俗被殺的總計達一萬人以上。當時的止貢寺的法座努‧多吉意希也只得帶著年僅十一歲的止貢居尼仁波且多吉仁欽等逃到工布的絨波地方。本欽阿迦侖帶兵追擊，也到了工布。止貢派的屬民和領地據說有許多被薩迦派占有。

止貢寺廟之亂被鎮壓後，止貢寺的主要喇嘛逃到工布住了大約三年。有一個名叫咱日巴那波的勇士，給薛禪皇帝送呈申辨的文書。當時正由扎巴俄色任帝師，他向皇帝請求平息薩迦派和止貢派之間的衝

突，因此皇帝賜給止貢派大量物品作為補償，將烏思藏的一個萬戶府的民戶賜給管理，下令修復止貢寺，賜給朗格巴意希貝虎頭印章和擔任官巴的詔書，委任他為止貢萬戶長。此後，居尼巴多吉仁欽於十九歲時登上止貢寺的法座，當年止貢寺的殿堂也大都修復完工，並和以前一樣開展宗教方面的活動。這標誌著薩迦與止貢兩派戰亂的結束。

總之，通過止貢寺廟之亂這一事件，我們可以清楚地看出，如果沒有元朝皇帝的保護和支持，當時薩迦派不但不能獨自統治藏族地區的三個卻喀，就是對烏思藏的十三萬戶也沒有辦法指揮。這是從歷史的實際情形中得出的結論。

第十三節
薩迦達尼欽波桑波貝的事蹟

　　薩迦派的上師達尼欽波桑波貝（父親是八思巴的同父異母弟意希迥乃）西元一二六二年即藏曆第四繞迥水狗年出生。十六歲時，八思巴從中國內地返回薩迦，他拜見並聽受了灌頂、教誡和經咒等許多教法。十九歲時，八思巴去世。當時由於父親的聲望大小不同，達瑪巴拉雖然比桑波貝年幼，但被委任為薩迦寺的法座。二十一歲時，「他因一個名叫阿布的大臣的邀請前往朝廷，因此有人控告他違犯了超薦八思巴的規矩」[24]這說明他是為了爭薩迦法座的職位而祕密前往內地的，「由於一些機緣，皇帝下令對他查究，流放到蠻子地方去。他開始到了蠻子地方（今江蘇、浙江一帶）的大海邊上的一座名叫蘇州的大城居住，此後又因皇帝的命令到離蘇州有七站路的叫做杭州的大城居住。此後他又走了十站路到有普陀山之地（今浙江省舟山群島上有普陀縣，漢傳佛教稱該地為觀世音菩薩的道場普陀山（為漢傳佛教的四大名山之一），修習祕密瑜伽，並與一個漢人女子生下一個兒子。

24　《薩迦世系史》第 238 頁。

當時他擔心皇帝降下更嚴厲的詔旨，努力向度母祈願。」[25]這反映出當時薩迦家族內部已產生權力之爭，並一直鬧到元朝皇帝的法庭上，桑波貝在這場官司中失敗，像流放一樣被送到江浙地區，在那裡住了大約十五年。

此後，由於達瑪巴拉在薩迦去世和桑波貝在漢地居住，薩迦寺的法座由夏爾巴・絳漾仁欽護持。在薩迦款氏家族僅剩桑波貝一根獨苗之時，本欽阿迦侖十分關注和努力解決此事。在薩迦的議事會成員們商議時，決定派遣專人去找曾任上師八思巴的卻本後來到朝廷擔任帝師之職的扎巴俄色，要他設法迎回桑波貝。於是扎巴俄色向皇帝上奏請求，尼德哇國師喜饒貝和大臣阿布等人也支持扎巴俄色，一再向皇帝鐵木兒完澤篤（元成宗，1294-1310 年在位）奏請。最後，皇帝終於下令，尋找和迎回桑波貝。桑波貝從蠻子地方被接回後，朝見了皇帝，皇帝承認他確實是帝師八思巴的侄子，並命令他返回薩迦繁衍後裔，擔任薩迦寺的法座，還賜給他詔書和大批物品。他按照皇帝的命令迅即啟程，於三十七歲的西元一二九八年即藏曆第五繞迴土狗年回到薩迦寺。在拉康拉章住了一段時間，聞思佛法，並在四十五歲時出任薩迦寺的法座。普顏篤皇帝（元仁宗，1311-1320 年在位）封他為國師，賜給詔書，並委任他為薩迦細脫拉章的座主。不算他在蠻子地方所娶的漢族妻子，桑波貝在皇帝命他繁衍後裔以後共娶了六個妻子，她們為他生了許多兒子和女兒。他擔任薩迦寺法座十九年，在西元一三二四年即藏曆第五繞迴木鼠年去世。

---

25 《薩迦世系史》第 238-239 頁。

第十四節

元朝三次在西藏清查戶口並確定西藏的行政制度

　　蒙古成吉思汗的後裔憑藉其軍事力量將分裂割據的藏族地區統一起來以後，在西藏地區先後進行了數次清查土地和戶口的工作。在吐蕃烏思藏地區，最初「蒙古成吉思汗取得了漢地的皇位，鎮攝整個國土，對諸皇子分封土地之時，以及後來在歷代皇帝之時，出現了劃分拉德、米德，清查土地，計算戶數的各種制度等」[26]。對西藏地區來說，大的清查進行了三次。第一次是薛禪汗即皇位之初的西元一二六〇年，在皇帝派大臣答失蠻到藏區的三個卻喀設立驛站之時，清查了土地和人口。第二次是西元一二六八年即藏曆第五繞迥的土龍年，由薛禪皇帝派遣大臣阿袞和米林二人，與薩迦本欽釋迦桑布一起，對吐蕃烏思藏納里速（阿里）各地的土地人口戶數進行了詳細的清查，確定了建立十三萬戶的體制。第三次是西元一二八七年即藏曆第五繞迥的火豬年，由元朝皇帝派遣的大臣托肅阿努肯和格布恰克岱平章等人與薩迦本欽宣努旺秋一起，再次清查了戶口，恢復了驛站，並重新寫

---

26 《漢藏史集》第 270 頁。

造了被稱為大清冊的戶口登記冊。

在論述元代的清查戶口的問題時，首先遇到的問題是當時計算戶數的基本單位「霍爾堆」（亦譯為蒙古戶、霍爾戶）是什麼含義，這是認識當時的整個體制的根本，因而非常關鍵。《漢藏史集》中的記載是：

「當蒙古皇帝妥歡鐵木兒即位後，派遣托肅阿努肯、格布恰克岱平章前來（托肅阿努肯和格布恰克岱平章進藏是在阿袞等 1268 年清查戶口之後 20 年，即 1287 年，此時是元世祖忽必烈在位，而不是元順帝妥歡鐵木兒在位），在宣努旺秋重任烏思藏本欽之時，清查人口，統計戶籍。當時統計戶籍的辦法是：有 6 根柱子面積的房子，有能下 12 蒙古克種子的土地，有夫妻、子女、僕人共計 6 人，牲畜有乘畜，耕畜、乳畜等三種（乘畜指馬、毛驢，耕畜指犏牛、犛牛、黃牛，乳畜指母黃牛、母犏牛等），以及山羊、綿羊兩種，黑白雜畜 24 頭。這樣 1 戶人家稱為 1 個霍爾堆（蒙古戶），50 個蒙古戶稱為一個達果（馬頭），兩個達果稱為 1 個百戶，10 個百戶為 1 個千戶，10 個千戶為 1 個萬戶。按照規格建立的萬戶，都要有 4 個千戶、米德 6 個千戶（按四川民族出版社 1985 年版《漢藏史集》藏文本，此處為「按照規定建立的各萬戶，都劃分出 6 個千戶為拉德。」——譯者注），10 個萬戶稱為一個路，10 個路稱為一個行省。按照以上統計法，蒙古薛禪皇帝之時治下有 11 個行省。各行省的名稱是：大都城之中有中書省，在外地有河南省、嶺北省、甘肅省、四川省、雲南省、江西省、江浙省、湖廣省、遼陽省。吐蕃三個卻喀雖然（人口）不到一個行省，但是由於是上師（帝師）的住地和佛法興盛之區，所

以也算作一個行省，這樣（總共）有十一個行省。[27]

　　這樣看來，「霍爾堆」（蒙古戶）是以土地、人口、牲畜的數量為基礎進行統計的單位，如果是一戶富裕人家，則一戶可能相當於幾個「霍爾堆」，如果是貧窮的人家，雖然財產等不足一個「霍爾堆」，也要盡其所有，將每一戶折算成一個「霍爾堆」的二分之一、三分之一、四分之一或六分之一，這樣才能比較合理地確定每戶人家應負擔的烏拉差役和賦稅。直到近代的原西藏地方政府的時期，被稱為「崗頓」（即力役和賦稅，力役指用人畜無償支應差徭，賦稅指繳納錢財實物）的差稅的計算，也是元代計算「霍爾堆」的辦法的某種延續。

　　另外，在西藏人的口中經常說到的「西藏十三萬戶」，究竟是怎樣產生的，知道的人就不那麼多了。應該說「烏思藏十三萬戶」是在上述的第二次清查統計「霍爾堆」，然後依據清查統計的情況，新劃定烏思藏十三萬戶，從此產生了這一西藏行政區劃的術語。還有一些不了解情況的人，認為西藏十三萬戶包括烏思藏和阿裡的全部屬民，這也是不對的，這方面閱讀後面的內容即可知道。同時，在不同的文獻中記載的十三萬戶的名稱也略有不同。為了弄清楚這些問題，我們本應在此摘引《漢藏史集》中依據薩迦本欽釋迦桑布的底冊所記的當時清查戶口時的十三萬戶是哪一些，各個萬戶各有多少個霍爾堆，還有不屬於任何萬戶的霍爾堆的數量等，不過在該書中詳細記述了戶口多少，文字較多，又是用偈頌體寫成，在斷句等方面有些不易理解，因此我們這裡簡要列舉重要實例，以方便讀者閱讀。

27　《漢藏史集》第 270-271 頁。

首先，在後藏地區的六個萬戶的名稱和各自的霍爾堆的數量如下：

阿里芒域萬戶（主要在今吉隆縣境內），有 2635 個霍爾堆。

拉堆洛萬戶（主要在今定日縣境內），有 1089 個霍爾堆。

拉堆絳萬戶（主要在今拉孜縣和昂仁縣境內），有 2250 個霍爾堆。

曲彌萬戶（主要在今日喀則市境內的嘉措區東部和切甲等地），有 3003 個霍爾堆。

夏魯萬戶（在今日喀則南部和巴堆、江孜等地），有 3892 個霍爾堆。

絳卓萬戶（主要在今南木林縣境內以及牧區），有 3630 個霍爾堆。

在前藏地區的六個萬戶的名稱和各自的霍爾堆的數量如下：

止貢農牧萬戶（在止貢南北各地），有 3630 個霍爾堆。

蔡巴萬戶（以蔡貢塘為中心，包括拉薩地區和山南的一些地方），有 3702 個霍爾堆。

帕木竹萬戶（以今乃東縣為中心，轄地分佈各處），有 2438 個霍爾堆。

雅桑萬戶（在今隆子縣等地），3000 個霍爾堆。

甲馬萬戶（在今墨竹工卡縣和溫區等地），有 2950 個霍爾堆。

嘉域萬戶（在山南嘉域地區），有 2950 個霍爾堆。

在前藏和後藏之間的羊卓萬戶（今浪卡子縣等地），有十六個勒卜，750 個霍爾堆。

由此可見，在十三個萬戶之間，各自的管轄範圍的大小，有很大的差異。

此外，還有許多不屬於任何一個萬戶管轄的民戶。例如，在西部阿里，有屬於贊普後裔管轄的 767 個霍爾堆，在後藏地區，有屬於薩迦家族公共管轄的拉德 606 個霍爾堆，有屬於薩迦朗巴的格如地方的牧民三十個霍爾堆。此外在如參等地有拉德和米德 930 多個霍爾堆。

在前藏地區不屬於萬戶管轄的有絳達壠管轄的 500 個霍爾堆，在山南有唐波且管轄的 150 個霍爾堆，主巴管轄的 225 個霍爾堆。此外在桑耶等前藏地方有拉德、米德共計 1220 個霍爾堆。要想知道這方面的詳情，請看[28]。當時清查後藏地區的霍爾堆，是由阿袞和米林兩人負責，清查前藏地區的霍爾堆，是司徒阿什杰負責的。關於司徒阿什杰，五世達賴喇嘛在自傳中從《漢藏史集》中摘引了各萬戶的霍爾堆數目的一段記載，並說蘇圖阿什杰的後裔即是羊卓萬戶家族（即浪卡子家族），該家族的一個女子赤堅貢噶拉則出嫁到瓊結巴家族，生下了五世達賴喇嘛[29]。這是五世達賴喇嘛記述其母親家族來歷時說的，這就更加增強了《漢藏史集》等書的記載的可靠性。在講到各個萬戶分別負責支應哪些驛站時，該書記載說，後藏地區的四個大驛站的情況是：

1、由拉堆絳和拉堆洛兩個萬戶，以及阿里萬戶一起負責薩迦的大站。拉堆洛萬戶還要支應瑪爾拉塘的一個小站，阿里萬戶的米德還

---

28 《漢藏史集》第 298-301 頁。

29 《五世達賴喇嘛自傳一雲裳》，木刻本第一函，20 頁，西藏人民出版社 1989 年鉛印版，上冊，第 37-38 頁。

要支應夏喀的小站、江仁的小站、蚌蘭地方的兵站。瑪法木地方的小站由普蘭的人支應，古格南北兩路的人戶支應梅朵色如地方的小站。

2、由曲彌萬戶支應達爾壠的大站。

3、夏魯萬戶的 3892 個霍爾堆中除去甲若倉（今白朗縣）的 832 個霍爾堆，剩下的 3060 個霍爾堆負責支應春堆大站。

4、甲若倉的 832 個霍爾堆、羊卓萬戶、絳卓萬戶在江邊的十一個達果負責支應達竹地方的大站。在雅魯藏布江陰的一個小站，由羊卓萬戶支應。

前藏地區的七個大站的情形是：

由止貢萬戶支應果白驛站。
由甲域萬戶加上蔡巴萬戶的熱雜特哇的 350 個霍爾堆，支應噶熱大站。
由嘉瑪萬戶加上蔡巴萬戶的素喀的 350 個霍爾堆負責支應索地方的大站。
由帕竹萬戶加上達壠的五百個霍爾堆以及拉巴的六百個霍爾堆支應孜巴的大站。
由朱固崗、喀熱、主巴、扎瑪塘、沃喀等地的不隸屬於萬戶的米德支應夏頗的大站。
由雅桑萬戶支應貢地方的大站。
由蔡巴萬戶的根本民戶支應官薩的大站。

從以上記載的數字平均看，一般一個大站需要三千左右的霍爾堆支應，而薩迦拉章本身管轄的寺屬莊園的百姓享有不支應驛站差役的

特權。由此也可以看出元朝皇帝並沒有把吐蕃三個卻喀全部獻給薩迦巴，當時百姓有分屬政府和貴族（僧俗領主）的區別。

這些支應驛站的差役烏拉，是為迎送元朝皇帝的使臣和守護西藏的蒙古軍而設置的，因此可算是向國家交付的差稅。此外的烏思藏十三萬戶的其他差稅，據說是從一二六九年即藏曆第五繞迴土蛇年起薛禪皇帝奉獻給了八思巴，所以可作為對薩迦寺的供養進行徵集。

總之，清楚了元朝在西藏歷次清查土地人口，計算霍爾堆，新建立十三萬戶、千戶、百戶的機構，確定支應驛站差役的制度，把藏族地區的三個卻喀算作一個行省等歷史事實，我們就可以清楚地懂得在七百年以前西藏已成為中國領土不可分割的一部分。

上述的詳細記載在西藏統計戶口、支應驛站等情況的《漢藏史集》，是歷史學家達倉宗巴‧班覺桑布在西元一四三四年即藏曆第七繞迴的木虎年編寫的，距今已有五五〇多年，他編寫此書時用的關於統計霍爾堆的資料的底本是薩迦巴統治時期的朗欽、有都元帥名號的宣努袞的文冊[30]，是據文冊照抄的。因此這些歷史事實，是誰也無法抹殺的。

---

30 《漢藏史集》手抄本，上冊，第 218 頁。四川民族出版社 1985 年鉛印本，第 304 頁。

第十五節
元朝對薩迦統治集團封官賜印

　　從西藏歸入中國版圖之時起，對於地方上的大小掌權者來說，有沒有皇帝（封任的）詔書和賜給的印章成為其權力地位是否合法的標準。例如，在西藏歷史上十分著名的政治家帕竹大司徒絳曲堅讚的自傳中就記載說，當他與止貢官巴貢噶仁欽會見時，「官巴說，現今薩迦巴的職權，是以前我們止貢巴的職權。我就對他講，你不要這樣說，那時（你們的）上師是京俄仁波且，官巴是釋迦仁欽，你們的上師和官巴沒有拇指大的印章，也沒有當過皇帝的帝師。你們在拉堆崗興起，在南面十八條大川的地面內，五年發展，八年安定，兩年衰落，總共也只掌權十五年。而薩迦派擔任皇帝的上師做贍部洲之主已有一百多年。皇帝的敕令傳到哪裡，薩迦派的勢力就達到哪裡，在直至大海邊的地域內，薩迦派受命管理僧伽、佛殿等事務，沒有什麼派別能與之競爭。你這種話可不要在別人面前說起，那時雖然你們止貢派權勢很大，不過大概也只有我現在的權力這麼大。」[31]這段話充分

---

31 《朗氏家族史》第307頁。

反映了皇帝的詔封和賜印在西藏的政治制度中所受到的重視和所占有的地位。元朝封授薩迦派的重大事件有：

1、最早受到元朝的封賞，得到詔書和印章，被委任為西藏地方的政治宗教掌權者的是薩迦的眾生依怙八思巴仁波且。西元一二五三年，薛禪汗賜給他國師的名號和羊脂玉印。薛禪汗登上皇帝寶座後的西元一二六四年又命八思巴仁波且管領中央的總制院機構，即是委派他管理全國的佛教事務和吐蕃三個卻喀。一二六九年，皇帝又在封給八思巴宗教上的稱號的同時，賜給他刻有八思巴帝師字樣的金印，由此使薩迦派得到與以前的所有地方首領都不相同的猶如西藏所有首領的頂飾的地位。

2、對於八思巴的弟弟恰那多吉，薛禪皇帝把闊端汗的女兒墨卡頓嫁給他，封他為白蘭王，並賜給金印、同知左右衙署等，委任他為西藏總管之官。《薩迦世系史》中說：「對整個西藏以及薩迦派來說，得到王的封號及為之設置官署，這是最早的。」

3、對八思巴的同父異母弟上師意希迥乃的兒子達尼欽波桑波貝，「普顏篤皇帝封他為國師，任命為細脫拉章的法座。」[32]

4、對桑波貝的長子索南桑布（《元史》英宗本紀作唆南藏卜，釋老傳作瑣南藏卜），元朝「格堅皇（即元英宗）封他為白蘭王，並將公主門達干嫁給他。」[33]

---

32 《漢藏史集》第 335 頁。
33 《漢藏史集》第 335 頁。

5、對桑波貝的兒子喇嘛貢噶洛追（《元史》作公哥羅古羅思堅藏班藏卜），元朝「格堅皇帝尊他為上師，賜給他帝師的名號。」

6、對桑波貝的兒子南喀勒貝洛追（堅贊貝桑布），元朝「和世㻋都篤皇帝（元明宗）封他為灌頂國師，賜給他玉印。」

7、對桑波貝的兒子貢噶勒貝迵乃（《元史》泰定帝本紀作公哥列思巴沖納思監藏班藏卜），元朝「扎牙篤皇帝（元文宗）尊奉他為上師，賜給帝師的名號。」

8、對桑波貝的兒子貢噶堅贊（《佛祖歷代通載》作公哥兒監藏班藏卜），元朝「也孫鐵木兒皇帝（元泰定帝）封他為靖國公，在其後的三位皇帝的期間，他擔任上師，受封為帝師。」[34]

9、對桑波貝的小兒子貢噶勒貝堅贊，元朝皇帝「妥歡鐵木兒（元順帝）封他為白蘭王，賜給金印和管領吐蕃三個卻喀的詔書，並將以前的白蘭王索南桑布的妻子門達干公主嫁給他。」[35]

10、對桑波貝的兒子貢噶尼瑪堅贊，元朝「格堅皇帝封他為大元國師，並賜給玉印。」[36]

11、對桑波貝的兒子喇嘛丹巴索南堅贊，元朝皇帝「妥歡鐵木兒封他為國師」。[37]

---

34 《漢藏史集》第 336-337 頁。

35 《漢藏史集》第 338-339 頁。

36 《漢藏史集》第 338-339 頁。

37 《漢藏史集》第 338-339 頁。

12、對帝師貢噶堅贊在受比丘戒之前娶妻所生的兒子洛追堅贊，元朝皇帝「妥歡鐵木兒封他為大元國師，並賜給詔書」。

13、對國師南喀勒貝洛追堅贊貝桑布的兒子貢噶仁欽堅贊，元朝皇帝「妥歡鐵木兒封他為通議大夫大元國師，並賜給玉印。」

14、對白蘭王貢噶勒貝堅讚的兒子索南洛追，元朝皇帝「妥歡鐵木兒封他為帝師，頒給管轄達倉宗和曲彌萬戶屬下各地的詔書。」[38]

15、對喇欽索南洛追（即帝師索南洛追）的弟弟扎巴堅贊，皇帝「封他為白蘭王，置同知左右衙署，頒給他管領西土的詔書。」[39]

16、對白蘭王扎巴堅讚的長子貢噶勒貝堅贊，元朝皇帝「妥歡鐵木兒封他為大元國師，並賜給詔書。」[40]

17、對白蘭王扎巴堅讚的次子南色堅贊，元朝皇帝「妥歡鐵木兒封他為日章王，賜給金印，為他置左右八種衙署屬官，並賜給他管領西土的詔書。」[41]

這些記載，是從《漢藏史集》中照原文摘錄出來的，該書是最清楚地記載薩迦巴統治西藏情形的一種可信的史料。從以上所摘引的，我們可以清楚地了解到元朝皇帝給當時掌握西藏地方權力的薩迦家族的成員封給僧俗的官職名號、賜給的職權的情況，了解是哪一些皇帝

38　《漢藏史集》第 340-342 頁。

39　《漢藏史集》第 342、345 頁。

40　《漢藏史集》第 342、345 頁。

41　《漢藏史集》第 346 頁。

給薩迦的哪些喇嘛和家族成員賜給了哪一些政教的權力和封號官階等。帝師、國師、白蘭王、日章王等名號都是按照當時元朝的職官制度的規定封給的，這些稱號的意義按照譯音可以加以說明，例如帝師是皇帝的上師，國師是大賢哲或者是佛教僧徒的指導者之意。白蘭王和日章王，當時元朝全國有十一個行省，在各省之中委派元朝皇室的後裔或駙馬負責監管，封他們為王。薩迦款氏家族的後裔中從恰那多吉到南色堅讚的四位白蘭王和一位日章王，多數都娶有元朝的公主，並被元朝封為吐蕃三個卻喀的總管。了解了這些政治上的關係，我們才能懂得薩迦派為什麼能在將近一百年的時期中統治西藏地方，懂得西藏和中國之間是一個什麼樣的關係。

負責管理烏思藏十三萬戶通常事務的是薩迦本欽。從首任本欽釋迦桑布到旺秋遵追，不算重任的，共有十六位本欽，他們大多數都是由薩迦的帝師（或座主）提名，由元朝皇帝頒詔任命的。總之，當時西藏大的統治者的官職名號和印章等都與元朝皇帝的詔封相關，這是可靠的史料清楚證明了的。

第十六節

薩迦巴依據元朝皇帝授命
管理西藏事務的若干實例

　　元朝皇帝對薩迦派的高僧和家族成員等賜給名號、印章、詔書、官職等，元朝的這種封授，對當時西藏地方的政治權力、土地、房屋、屬民的占有、甚至徵集各種差役等各個方面都實際地發揮著根本的效力。眾所周知，昔日的西藏是封建農奴制的社會。在那種社會中，政治、經濟、甚至對農奴等的占有權全部都要憑藉官府鐵券文書和官印來運作和遵循，這是年紀大一些的人都清楚的事實。那麼，在當時的西藏，除了元朝皇帝以外，還有沒有人具有頒發鐵券文書（即封文）的權力呢？可以說，除了皇帝詔封的薩迦派的首領以外，再沒有其他人具有這種權力。為了弄清楚薩迦派的首領的這種權力的大小程度和範圍，我們在此選出兩份當時薩迦派的首領即帝師們發布的鐵券文書中比較短的兩份，向大家做一介紹。

　　第一件是元朝皇帝碩德八剌即元英宗格堅汗尊為上師並敕封帝師名號的薩迦派首領貢噶洛追堅贊貝桑布（《元史》作公哥羅古羅思堅藏班藏卜，1315-1327 年任帝師）於西元一三一六年即藏曆第五繞迴火龍年賜給娘科哇的鐵券文書（帝師法旨）。這份文書的全文如下：

「皇帝聖旨裡，貢噶洛追堅贊貝桑布帝師之法旨。

諭藏、烏思、納里速古魯孫宣慰司官員（米本）、軍官、軍人、金字使者、來往僧俗人等、驛站官、掌印官、掌庫官、牧養牛馬者、地方官員、百姓（米德）等：

娘科哇為給皇帝祈福的法事點酥油燈，並按俄色僧格（薩迦本欽之一）為首的宣慰司的官員（米本）所定稅額交納應承擔之差稅，依法度住坐。你等不論何人，不可倚仗權力對其欺凌，不可增派差稅，不可令其牧放牛馬，不可令其打獵，不可令其捕魚，讓彼等安居。如此宣諭並賜給執把的文書，若見了文書仍違令行事，將奏報皇帝，對妄行者加以懲處。彼等亦不可因有了文書，做違背法度之事。龍年四月八日，在京城大都大寺院書寫的文書。」[42]

第二件是被元朝扎牙篤皇帝（元文宗圖鐵木兒，1329-1332 年在位）、懿質班（元寧宗，1332 年 10 月-11 月在位）、妥歡鐵木兒（元順帝，1333-1368 年在位）等三位皇帝尊奉為上師並賜給帝師名號的薩迦派首領貢噶堅贊貝桑布（《佛祖歷代通載》作公哥兒監藏班藏卜，1333-1353 年任帝師）在西元一三三六年即藏曆第六繞迴火鼠年賜給夏魯寺的護持寺院的鐵券文書。這份文書的全文如下：

「皇帝聖旨裡，帝師貢噶堅贊貝桑布之法旨。

曉諭藏、烏思宣慰司的官員、朗索之管事、各拉章之侍從（官員）、招討司官員、達魯花赤、斷事官、金字使者、收檢及往來僧俗人等、萬戶、塔巴林寺之堪布經師、千戶、辦事人等：

---

42 西藏自治區社會科學院、中央民族學院藏學研究所編《中國西藏地方歷史資料選編》（藏文），西藏人民出版社 1986 年版，第 245-246 頁。

對於兩個嘉措地方（應在今日喀則市甲措區——譯者）的各個拉德，以前曾歷次發布聖旨及文書，讓彼等為在夏魯祝延聖壽及服事僧伽佛殿出力，現今仍然依照先前規定，保持不變。你等無論何人，均不得奪占，不得收取，不得藉故糾纏爭執，使彼等平安祝禱。若違背此諭示而行，難道不知畏懼麼？

鼠年四月十六日於京城大都梅朵熱哇大寺院所寫的文書。」[43]

上述的鐵券文書的開頭都寫作「皇帝聖旨裡，某某帝師的法旨」，是表示帝師是依靠元朝皇帝封給帝師的詔書和印章，才能有對烏思藏的掌管法度的人即組成宣慰司的藏、蒙古文武官員和所有的百姓發布命令的權力，文書的內容中表明帝師還因此而具有對土地屬民的占有和差稅的征發等方面作出安排的權力。如果沒有元朝皇帝賜給的詔書和印章，不要說別的什麼人，即使是薩迦家族的嫡傳後裔也無權發布這樣的鐵券文書，而且不僅是蒙古的文武官員，就是西藏的各教派主持者和萬戶長等人也不會聽從其命令。因此，元朝皇帝對薩迦的歷代首領封給名號、賜給詔書官職等並非是「相互看重並贈禮」的問題，而是代表西藏地方政教權力的重要象徵，這一點已為真實的歷史資料所證明。

另外，據《元史》的記載，忽必烈薛禪皇帝在西元一二八二年即至元十年在西藏設立了稱為「烏思藏納里速古魯孫等三路宣慰司」的機構，在這個機構中任命了五名宣慰使，這些宣慰使是當時在西藏掌握西藏地方軍政大權的人，他們管理烏思藏的十三萬戶。此外，在宣慰司之下還設有指揮烏思藏蒙古軍的元帥兩名、納里速古魯孫的領兵

---

43 《中國西藏地方歷史資料選編》第 250 頁。

將領元帥兩名，另外還在烏思、藏等地各設「轉運」一名，專門管理驛站和兵站的事務。[44]

　　雖然在藏文史籍中，至今未見到關於宣慰使等官員的權限的清楚的記載，但是上述的帝師發布的兩份官府鐵券文書曉諭的對像一開頭就是「藏、烏思、納里速古魯孫宣慰司的官員、軍官」，說明宣慰使是具體執行西藏的行政權力的主要官員，是負有管理烏思藏的職責的最高級官員。

　　除此之外，烏思藏的各個萬戶和大的地方首領等占有土地和屬民也都是以元朝皇帝的詔命和聖旨為主要的依據而保持下來的。我們試舉幾例來加以說明。《漢藏史集》中記載，對於夏魯萬戶的封賜情形是：「上師達瑪巴拉合吉塔去到朝廷後，朝見蒙古完澤篤皇帝（即忽必烈之孫元成宗，1294-1310 年在位，此處應是忽必烈薛禪皇帝）時，向皇帝奏請說：『在吐蕃烏思藏，有我的舅舅夏魯萬戶家，請下詔褒封。』皇帝說：『既是上師的舅舅，也就與我的舅舅一般，應當特別照應。』讓所有的萬戶和千戶都尊重夏魯家族，還賜給讓夏魯家族世世代代管理萬戶府的詔書。」[45]。羊卓萬戶長受封的情況是，「本欽阿迦侖前往漢地，朝見了愛育黎拔力八達普顏篤皇帝（元仁宗，1311-1320 年在位），皇帝賜給他世代擔任羊卓萬戶長的詔書」。[46]

　　帕竹萬戶的情況是，在京俄細哇謝巴（當指京俄扎巴迴乃之弟杰

---

44 牙含章《達賴喇嘛傳》，青海民族出版社 1989 年藏譯本 19 頁，漢文見人民出版社 1984 年版，第 9-10 頁。

45 《漢藏史集》第 370 頁。

46 《漢藏史集》第 361 頁。

哇仁波且，1235-1267 年任丹薩替寺京俄）之時，由蒙古薛禪皇帝的命令委任丹瑪官尊為萬戶長，以後依次傳繼。

拉堆洛萬戶的情形是，「因皇帝的詔命，得到掌管從雅沃拉到章索以上的拉堆洛地區、 委任為萬戶長的詔書，由此建立了地方的根基。」[47]

關於阿里貢塘的萬戶長的情形，在噶托·仁增才旺諾布所著的《吐蕃聖神贊普的後裔在阿里下部芒域貢塘的地方的世系——伏藏本水晶幻鏡》中記載說，吐蕃王室的王子歐松的後裔赤扎西孜巴的兒子在阿里下部，被稱為下部的「三德」，其中的兄長貝德的後裔成為阿里貢塘的贊普。從貝德下傳十二代為領主赤德本，他為了請求漢地的蒙古皇帝的詔封，想前去朝廷……「他們王臣八人前去朝廷。薛禪皇帝的長子皇太子真金，其兒子在作王子時名叫鐵木兒，戴上皇冠接受灌頂即位時的尊號為成宗皇帝完澤篤汗，在吐蕃的文書亦稱他為完澤篤，由於他的福德廣大之故，得到了漢地秦朝皇帝的印章不變永固之寶（即御璽），因此自然登上執掌國政的大位。赤德本等前往完澤篤皇帝駕前，完澤篤皇帝對他非常寵信，對他說：『你是統治吐蕃的大族之後裔，應當得到上天的護佑。』於是封他為吐蕃木門人家之王、三家都元帥之主、常管阿里十三百戶之領主，並賜給諸寶製成的七棱印章及印匣、印套，還賜給加蓋國政不變永固之寶（即御璽）被稱為金字的詔書。他還得到大量名貴珍奇的賞賜物品。然後平安地返回了

---

47 班欽·索南扎巴《新紅史》，西藏人民出版社 1982 年版，第 61 頁。

西藏。」[48]該書中還說：「當時西藏的貴族們全都心向蒙古皇帝。」這是符合事實的。不僅是各個萬戶，而且各個千戶的首領也從元朝皇帝那裡得到封任和詔書，這方面的事例可說是不勝枚舉，這也說明西藏貴族的政治權勢和對土地、屬民的占有也與元朝皇帝的聖旨詔書緊密相連。

總之，從十三世紀的中葉開始，元朝歷朝皇帝對西藏發布的詔書、命令、印章等全都對當時西藏的政治、經濟、法律、軍事等各個方面發揮著實際的最高的指揮作用，這是為許多可信的歷史古籍一再證明了的事實。

---

48 （《阿里貢塘世系》，藏文手抄本第 9-10 頁。另見西藏藏文古籍出版社 1990 年 4 月鉛印出版的《西藏史籍五部》第 111-113 頁。

第十七節
薩迦巴統治時期西藏經濟的發展

　　薩迦巴掌握西藏地方的統治權將近一百年，在這期間，對西藏經濟的發展起過一定的促進作用，其中尤其是在藏民族的文化的發展方面，做出了值得稱頌的貢獻。

　　在西藏長期的分裂時期中，先是有贊普後裔中的歐松和雲丹之間的長達十餘年的王室內戰，此後有「臣民反上」之戰亂，此後又有新舊農奴主等豪強之間為爭奪屬民、割據土地而進行的混戰。由於戰亂不停，廣大農牧民群眾的正常的生產活動一再中止，不可避免地對西藏的經濟產生了嚴重的破壞，經濟急遽衰敗。到分裂時期的後期，佛教再弘，逐漸普及全藏，使社會動盪有所減輕，不過，由於只有各個地方首領對一些生產條件好的地方進行一些管理，而沒有統一的法規來推動和保證廣泛地進行農牧業生產，使得農牧民群眾喪失了對生產的積極性而成群結隊地流浪，淪為乞丐。由於生產的衰退，大片田地撂荒、耕畜被宰殺充飢或被低價售出。因此，作為西藏經濟的基礎的

農牧業生產連續下降,對此沒人想到也沒人能夠承擔起扭轉生產下降的責任。

在這種歷史狀況下,蒙古成吉思汗的後裔的勢力到達西藏,並在很短的時期內,使西藏在蒙古的法度下統一起來,得到一個和平安定的環境。此後,元朝皇帝委任薩迦巴執掌西藏地方的統治權,並先後進行土地和人口的清查,統計霍爾堆數目,在將藏族地區劃分為三個卻喀的基礎上,編定萬戶、千戶、百戶、達果(馬頭)等各級社會組織,確定各首領的職權和責任,征派定額的賦稅差役,使得各地有統一法度可遵循,並由此逐漸形成管理、養護、鼓勵生產的制度。同時,由於戰亂的平息和盜匪的消除,使社會得到安定,使得西藏的田地的耕種和畜牧業生產都得到恢復,並逐漸有了一定程度的發展。

在這一時期,中國內地和西藏地方之間的被稱為「金橋」的連繫也進一步擴大,民族之間的產品交換所使用的商道也比以前增多。據元朝的文獻中記載,中央王朝政府在四川的碉門和黎州兩個地方設立專門用於藏漢民族間交換產品的商市──権場,這樣使產品交換興盛,更好地滿足農牧業生產和群眾生活的需要,並且推動了西藏經濟的發展。由於民族間的連繫的加強和來往的增多,中國內地的許多著名的產品和手工業製品傳播到西藏。

「被稱為扎俄瑪的碗,裡面繪層迭的蓮花,碗口繪彩紋圍繞,這是在帝師扎巴俄色的時期出現的。被稱為甲桑瑪的碗,有與碗體等長的把柄,碗壁薄,碗口寬,顯得清亮,所以為其他人所倣傚。這種碗有一些有青龍、花龍圖案作為裝飾,這是本欽甲哇桑布以院使身分主

持宣政院衙署時製造的。」[49]

除了這些為西藏的僧俗首領官員特製的著名的碗以外，還有被稱為蒙古碗、蒙古服、蒙古鈸的各種價值很高的元朝時期的珍貴文物在西藏各處都可以見到，這些都是在這一時期中通行於西藏的。另外，上師八思巴還從中國內地給西藏派來製造瓷碗的工匠，在薩迦附近的名叫噶熱山谷中兩次建窯燒製西藏的瓷碗。《漢藏史集》中記載：

「還有一種被稱為薩則的碗，是在薩迦寺附近的噶熱製造的，這種碗的中心處必定有一個薩字。」[50]

與此相似，《薩迦世系史》中記載大臣桑哥到達薩迦時，「他修建了東甲窮章康寢殿，大門的式樣仿照漢地的式樣。」由此可以看出，當時內地的建築及工藝等也在西藏傳播開來。

另外，在闊端等蒙古汗王的時期，西藏的各地要幾年一次向蒙古交納稱為貢賦的物品，後來在薛禪皇帝即位後，將西藏地方統一起來並納入中國版圖，因上師八思巴的請求，為了西藏地方的經濟能順利發展，同意免除西藏地方向國家交納的差稅貢賦。

不僅這樣，元朝皇帝還向上師奉獻了大量的宗教供養，有時一次就達黃金百錠、白銀千錠，綢緞四萬匹。這樣的許多次的宗教供養，見於《薩迦世系史》的記載。另外元朝皇帝還向西藏的各個寺院和僧伽發放布施供養、賑濟窮苦差民，提供了不少的錢財物品。

---

49 《漢藏史集》第 252 頁。
50 《漢藏史集》第 297 頁。

元朝的這種賞賜和供養的具體事例，在史籍中也可見到記載。按《漢藏史集》的記載，在上師八思巴一二七五年回西藏以後，「在曲彌仁摩，召集烏思藏、阿里各地的數萬僧眾轉動法輪（即舉行法會），所捐獻的資具有：黃金 963 兩 3 錢，白銀 9 大錠，錦緞 41 匹，彩絲緞 838 匹，綢子 5858 匹，茶葉 120 大包，蜂蜜 603 桶，酥油 13728 克（每克約合 14 公斤），青稞 37018 克，炒麵 8600 克，其他零碎物品不計其數。」[51]按照這一記載，上師八思巴第二次返回西藏後，於火牛年（1277 年）在曲彌舉行大法會時，對總數達十萬的僧俗人眾進行了兩個七天的盛大供養，並給七萬多名僧人每人布施黃金一錢，三法衣一套。對數量如此眾多的僧人每人布施一錢黃金，在西藏歷史上是絕無僅有的例子，同時一次布施這樣多的袈裟，也可以看出當時西藏的紡織業有了很大的發展。同時，在這一時期還興建了規模空前的薩迦南寺大殿和圍牆，在寺內建造了難以思議的眾多的佛像、佛經、佛塔，使得薩迦寺的南寺和北寺的建築達到令人驚嘆的地步。這些偉大的成就，也可以顯示出在那個時期西藏經濟獲得空前發展的事實。

元朝政府不僅（在經濟上）支持高僧和寺院，而且對西藏的窮苦的差民也給予一定程度的賑濟和照顧。據《元史》記載，「至元二十九年（西元 1292 年即藏曆第五繞迴的水龍年）九月，烏思藏宣慰司言：『由必裡公反後，站驛遂絕，民貧無可供億。』命給烏思藏五驛（差民）各馬百、牛 200、羊 500，皆以銀；軍 736 戶，戶銀

---

51 《漢藏史集》第 328-329 頁。

150 兩。」[52]此後對脫思麻、朵甘思地區的驛站的窮苦差民也給予了這樣的賑濟。「至順元年（西元 1330 年即藏曆第六繞迴鐵馬年），吐蕃等處脫思麻民飢，命有司賑之。」[53]

另外，據《漢藏史集》的記載，由於元朝薛禪皇帝和上師八思巴的恩德，將烏思藏、朵甘思全都納入治下，但南方珞門地區之人尚未歸服，有叫做「夏冬」和珞冬的許多「冬仁」部落一再攻擊和搶掠西藏南部地區。到西元十四世紀初薩迦的上師桑波貝的時期，派康巴根敦堅贊、本益帕巴貝等薩迦的七名仲科爾為首的各個萬戶和千戶的軍隊，採用文武結合的策略，首先收服了珞門地區的所有的「夏冬」部落，然後移營到帕裡地區，擊殺「珞冬」部落的首領豪強一六〇來名，將珞、布魯克巴（不丹）地方收歸治下，其詳細情形可閱[54]。從此使西藏地方獲得了安定，農牧民可以安心地從事生產，農牧業得到發展。總之，在這一時期，在整個西藏得到統一的基礎上，確立了與中國內地的關係，並與尼泊爾、珞門、不丹等地區建立了連繫，西藏經濟得到了恢復和全面發展。

52　《元史》世祖本紀十四，中華書局標點本，第二冊，第 366 頁。

53　《元史》文宗本紀三，中華書局標點本，第三冊，第 756 頁。

54　《漢藏史集》第 377-381 頁。

第十八節
薩迦巴統治時期西藏文化事業的發展

　　文殊怙主薩迦班智達貢噶堅贊貝桑布不僅自己精通在近代西藏普遍傳稱為大小五明的全部學識，而且對古代各種共通與不共的各種學識也進行了廣泛和深入的清理，特別是對以前只知書名而未進行翻譯、或雖有翻譯但並不完整的一些學術著作進行翻譯傳播，並新寫了不少堪稱典範的著作，啟迪後人。

　　首先，在聲明學方面，他撰寫了《入聲明論》、《智者入門》、《語門攝義》等著作，開創了講授這些課程的道路。由於薩班的主要弟子們都精通聲明學的理論，因此八思巴能夠為蒙古民族新創蒙古文，並創造了蒙古文拼音及正字法等，完成了最早的能夠使用的蒙古文的創製工作，這件事實充分說明了在這一時期西藏的聲明學達到了一個很高的水平。

　　在因明學方面，薩班熟讀了《七部量理論》及各類注疏，並牢記於心中。為了很好地解釋這些著作的意義，他撰寫了《因明理藏本釋》兩部。從此以後，大多數教派都建立了講授因明學的例規，使得

因明學不斷得到發展。

在聲律學方面，薩班撰寫了《聲律論．諸色花束》。在他以前，西藏對聲律學只知學科之名，實際並未傳布，是從他才開始弘傳的。

在藻詞學方面，薩班從班智達僧哈室利那裡聽受了《藻詞論．甘露藏》及各種疏釋，並將這些內容攝集為三部或四部。將在西藏稱為三藏和四續的佛典經咒中的無數詞語，劃分為隨欲（即基本詞）、後成（派生詞）、形類（比喻詞）等類，又仿照三次釐訂文字的作法，妥善劃分新舊詞語，使得修辭學在西藏獲得了極大的發展。從那以後，藏語的詞彙和詞組比以前豐富了很多，藏語文本身有了重大的發展。

在戲劇學方面，薩班從班智達僧哈室利聽受了《蘇吉尼瑪的故事》、《摩訶婆羅多》等，並融會貫通，撰寫了論述戲劇和音樂的《器樂論》，由此使西藏的戲劇藝術逐漸發展起來。

以疏釋三藏和四續部即佛學的《甘珠爾》、《丹珠爾》的經義為主的內明學，在當時也有了很大的發展，這方面涉及範圍廣泛，內容艱深，我們難以講說。總的來說，薩班使佛教在漢地和蒙古的廣大地區弘傳，使西藏和漢地蒙古的佛教緊密連繫，使兄弟民族之間的文化和友好關係得到發展和加強，其重大的功績至今仍是顯而易見的。同時，西藏的醫藥學、工藝學、曆算學也得到不同程度的發展。我們對此不能一一介紹，請讀者閱讀《薩迦五祖文集》。

另外，在上師八思巴的時期，新寫造了大量的藏文大藏經《甘珠爾》和《丹珠爾》的寫本，寫本的質量之高和所用材料的珍貴亦足以

使世人稱奇。據《薩迦世系史》記載，當時僅僅在藍色紙上用金汁書寫的六套完整的藏文《甘珠爾》經一項，總數即達二一五七函。此外，在薩迦大殿正門上的藏書殿中藏有《薩迦五祖文集》、薩迦歷代上師的傳記、許多著名譯師所寫的聲明學論著的疏釋等，總計有古籍六千餘函，其中大多數也是手抄本。這大量的寫本，是證明當時寫造藏文書籍的事業有了空前的發展的歷史文物。

舉世聞名的藏文《甘珠爾》和《丹珠爾》，也是在這個時期，由納塘寺堪欽覺丹日貝熱智將佛陀所說的經典、學者們的論著等進行廣泛的收集、分類，按內容將經、續、論等分開，新編制了《甘珠爾》、《丹珠爾》的目錄，這也是對西藏文化的發展做出的巨大貢獻。

總之，從西元十三世紀中葉開始到十四世紀前期薩迦巴掌管西藏地方的統治權的將近一百年期間，西藏文化中的大五明比以前有了發展，而小五明的大部分內容是在這一時期在西藏開始出現和弘傳的，特別是在關於俗世道理的學科、民族文學藝術的方面所取得的空前的發展，對藏民族的知識文化水平的提高發揮了重大的作用。可以說，這一時期是大家一致公認的藏族歷史上民族文化得到空前發展和進步的時代。

第十九節

藏族文學史上開創新時期的雄譯師多吉堅贊

　　雄譯師多吉堅贊，在使藏民族的古代文學藝術提高到一個新的水平，發展到一個新的時期方面做出了十分傑出的貢獻，是一位在藏族歷史上應當特別引起重視的學者。然而，我們至今還沒有找到他的傳記，在他翻譯和寫作的大量論著的題跋中，也只能見到他的名字，因此我們以儘力找到的有關文獻為基礎，對他的一些事跡做如下的介紹。

　　根據《五明學處出現的情形》的記載，雄譯師多吉堅贊生於後藏拉堆洛的恰壟夏村的「翁熱」地方，幼年出家，學習時輪的部分內容和關於勝樂、喜金剛、金剛的密宗經咒，通達關於舞步、畫線、推算等修習密法的知識。後來編寫了《星曜推算明燈》等許多曆算方面的論著。

　　此後，在西元一二六五年，當八思巴返回薩迦寺時，雄譯師寫了一篇詩體讚頌辭獻給八思巴，明白表達自己的理想和請求派遣去學習聲明學的願望。上師讀後十分高興，賜給他《聲律論》和《因明理藏

論》兩部書、黃金五兩、綢緞十三匹等；派他的侍寢侍從多麥巴・洛追傑波與雄譯師一起去學習聲明。他充滿信心和勇氣前去尼泊爾學習（我們雖然沒有找到關於雄譯師生年的明確記載，但從當時他去學習翻譯這一點看，一定還比較年輕，因此我們認為，將他看作西元 13 世紀 40 年代前後出生的人，不致會有大錯）。

在尼泊爾，他晝夜不停地聽習聲明、詩律、修辭、戲劇、藻詞等方面的學識，努力貫通。學完後匆忙趕回薩迦寺八思巴的身前，詳細報告了他的情況和成績。上師非常高興，說：「以前我們的法主（薩班）在涼州的幻化寺去世前，對我教導說：『我沒有大的放心不下的事。不過八思巴還沒有受比丘戒，《本生記・如意寶樹》沒有譯成藏文，《時輪經咒》沒有用偈頌體翻譯過來，使我遺憾。』現在我已經受了比丘戒，剩下的兩項翻譯還未完成，你無論如何要完成它。由本欽釋迦桑布加以幫助。」雄譯師很興奮地接受了。不久，他在薩迦寺翻譯了《時輪經續注疏》，這就是被學者們公認為優秀譯本的《雄譯時輪注疏》。

此後，雄譯師在本欽釋迦桑布的支持下，在薩迦寺的佛殿中將《本生記・如意寶樹》、《龍喜記》（劇本）、《修辭論・詩鏡》（通稱《詩鏡論》）等以前沒有翻譯過的學術論著和故事等譯成藏文，並翻譯了《藻詞論・甘露藏》，作了注疏。從此以後，聲明、詩詞學的傳授開始發展起來，並培養了許多精通這些學識的弟子。

在西藏文學史上，雄譯師多吉堅贊和邦譯師洛追丹巴被喻為太陽和月亮，聲名傳遍各地。邦譯師曾七次前去尼泊爾，拜見了許多班智達，翻譯了一些經論，特別是他撰寫了西藏的第一部《詩鏡論注

疏》，被稱為邦譯師注釋本，做出了特別重大的貢獻。他們使得聲明、詩詞、因明等學科的各種重要論著在西藏普遍傳播開來。總之，從西元十四世紀開始，西藏的著名學者層出不窮，西藏的文學藝術猶如大海的波濤，洶湧向前發展，都是與雄譯師密不可分的。

　　雄譯師繼承自己民族的文化傳統，汲取其他民族的長處，並使二者結合，做出了對藏族文化的發展具有開創意義的貢獻。他的偉大的成就，值得我們後輩人從內心裡永遠懷念。

第二十節
薩迦家族分裂為四個拉章
薩迦巴統治的結束

《薩迦世系史》記載說：「薩迦法座統治全部薩迦派，是在著名的達尼欽波桑波貝及其以前的時期。達尼欽波桑波貝以後，分裂為 4 個拉章。達尼欽波桑波貝的兒子帝師貢噶洛追（即帝師公哥羅古羅思堅藏班藏卜，1315-1327 年任帝師）給他的弟弟們給予印章，分為 4 個拉章」[55]。我們簡略介紹桑波貝所娶的七個妻子、所生的兒子以及薩迦家族分裂為四個拉章的情形。

達尼欽波桑波貝前後娶了七個妻子。第一個妻子是蠻子地方（浙江）的漢族，她生了一個兒子，幼年夭逝。

第二個妻子是蒙古皇室的公主門達干，她生了兒子白蘭王瑣南藏卜及一個女兒。

第三個妻子昂摩，所生的兒子是帝師貢噶洛追。

---

55 《漢藏史集》第 248 頁。

以上三個妻子所生的兒子沒有專門分屬某個拉章，被歸入統治整個薩迦派的世系之中。

　　以下的四個妻子所生的兒子們各偏向於其生母，逐漸產生不和，因此在西元一三二四年即藏曆第五繞迥木鼠年，桑波貝去世那年，由兒子們中年齡最大的皇帝的帝師貢噶洛追將諸異母弟劃分為四個拉章。

　　第四個妻子南喀傑摩，生了三個兒子，長子為闍尊欽波南喀勒貝堅贊貝桑布，次子為南喀喜年，幼子為國師南喀堅贊貝桑布，他們獲得玉印，分為細脫拉章。

　　第五個妻子瑪久宣努本，生了三個兒子，長子為大元貢噶仁欽，次子為絳陽頓月堅贊，幼子為國師索南堅贊，他們獲得玉印，分為仁欽崗拉章。

　　第六個妻子貢噶南傑瑪，生了兩個兒子，長子為帝師貢噶勒貝堅贊貝桑布（《元史》作公哥列思巴沖納思堅藏班藏卜），幼子為帝師貢噶堅贊（《佛祖歷代通載》作公哥兒監藏班藏卜），他們獲得金印，分為拉康拉章。

　　第七個妻子拉久尼瑪仁欽，生了兄妹三人，長子尼瑪貝，女兒貢噶本，幼子貢噶勒貝迥乃（他受封為白蘭王），他們獲得金印，分為都卻拉章。

　　這裡所說的金印、玉印等，顯然是指從元朝皇帝那裡獲得的印章。這樣將薩迦款氏家族分成四個拉章後，各自繁衍後裔，子孫相繼，後嗣很多。在桑波貝的子孫中獲得元朝皇帝封賜的名號和詔書

的，此外還有許多，難以一一講述，若想詳細了解，請閱讀[56]。

由於四個拉章的劃分以及各拉章權勢約略相等，不相上下，因此以後薩迦款氏家族中除了喇嘛丹巴索南堅贊（1312-1375，桑波貝之子，屬仁欽崗拉章）等少數幾個人潛心學習佛教外，其他的人都忙於儘力擴大自己拉章的勢力和財富，相互之間怨恨越來越大。而薩迦本欽和朗欽等官員也傾向和親近某個拉章，形成派別。這些人培植親信，挑撥離間，使得政治昏亂，內部不寧，並由此引起整個西藏的動盪不安。同時，由於宗教首領和官員的數量越來越多，百姓的稅賦和烏拉勞役負擔一年比一年沉重，怨聲不絕，使得薩迦巴的名聲和威望逐漸衰落。而烏思藏的一些萬戶長們，也擠入薩迦各個和歷任本欽之間的矛盾中，接納親信，打擊異己，謀求私利。

總之，從桑波貝去世到薩迦巴喪失統治權的三十多年中，烏思藏產生變亂的經過及薩迦巴丟失政權的過程，其大略情形是：帕竹和雅桑之間為爭奪土地和屬民的占有權而一再發生糾紛，在薩迦本欽處訴訟，薩迦派偏袒雅桑萬戶；帝師貢噶堅贊向朝廷奏報，企圖免去絳曲堅讚的萬戶長的職位；喇嘛丹巴索南堅贊又爭取薩迦與帕竹團結合作，促成本欽甲哇桑布與帕竹絳曲堅贊會談，但是拉康拉章的帝師的兩個兒子卻逮捕甲哇桑布，因此絳曲堅贊向後藏進兵；此後甲哇桑布在拉孜突然亡故，屬於拉康拉章的一夥在薩迦內部造成內訌，絳曲堅贊進兵占領了薩迦大殿；本欽旺尊糾合後藏軍隊圍攻薩迦大殿，帕竹的軍隊再次開往薩迦，殺死殺傷數百人，徹底打敗薩迦派的抵抗，並俘虜了薩迦本欽旺尊。

---

56 《薩迦世系史》。

經過一系列的戰亂和鬥爭，薩迦巴將近一百年的對西藏地方的統治宣告結束。大司徒絳曲堅贊擁護和執行元朝皇帝的法度，西元一三五七年即藏曆第六繞迴火雞年，派人到朝廷奏請，皇帝賜給他大司徒的名號、詔書及玉印等，開始了帕竹第悉對西藏十三萬戶的統治。

　　總之，雖然薩迦巴統治西藏地方的政權解體了，但是西藏作為中國的領土的一部分的這一事實，並沒有發生什麼改變。以上是薩迦巴統治西藏時期的簡要歷史。

第六章

帕木竹巴統治西藏時期

朗氏家族與帕竹噶舉、帕竹萬戶和帕竹第悉

一、朗氏家族和帕竹噶舉

要講帕木竹巴的歷史，首先必須介紹朗氏家族和帕木竹巴的來歷及主要情形。按《朗氏家族‧靈犀寶卷》一書的記載，朗氏家族源於藏人先祖六族姓之一的塞瓊查氏的後裔，以後再下傳五代，出現了天神八兄弟。天神八兄弟中的芒董達贊和塞倉拉姆結合，生了一個奇特的男孩，頭頂上有一股像海螺一樣白的霧氣。父親芒董達贊看到孩子十分高興，連叫了三聲「朗索（是水汽啊）！」後來這個男孩得名為「拉色潘波切朗」（藏語意為天神種族的朗氏潘波切）。由潘波切往下繁衍的後代，被人們稱之為朗氏家族。

帕木竹這一名稱的來歷，是源於帕竹派的寺院所在地的地名。對這一地名在宗教上有這樣的解釋：「帕是指無生的法身，竹（意為舟船）是指眾生得以解脫。」意思是說這裡是一個可以證得法身佛位的地方，就像能把眾生從惡趣苦海中解救出來的舟船一樣。

帕竹噶舉是帕竹·多吉傑波開創的噶舉派四大支派之一。帕竹·多吉傑波是康區金沙江流域乃雪地區達歐薩康地方人，生於西元一一一○年即藏曆第二繞迴的鐵虎年。他在康區生活到二十歲，曾追隨幾位上師學習了許多顯密經咒。此後在他二十二歲時來到前藏，四十一歲時拜了噶舉派的創始人米拉日巴的弟子達波拉傑為師學法，據說達波拉傑共有十六名大弟子，他是其中的繼承教法的四大弟子的首席。一一五八年，他按照師傅的指點，雲游各地，在帕竹地方興建了丹薩替寺，講授傳習以達波拉傑所傳的教法為主的顯密佛法，由於教法傳承的特點，後來被稱為帕竹噶舉派。多吉傑波本人於他六十一歲的西元一一七○年即藏曆第三繞迴的鐵虎年去世。而追隨他的弟子則分別到康藏各地建寺收徒，又繁衍出帕竹噶舉派的八小支系，這就是止貢噶舉、達壠噶舉、主巴噶舉、雅桑噶舉、綽浦噶舉、修賽噶舉、葉巴噶舉、瑪倉噶舉。

從拉色潘波切朗下傳二十代之後，在帕竹地方朗氏家族的朗·年脫阿聰的後代中有一個叫作扎巴迴乃（西元 1175-1258）。他出家為僧後，拜帕竹·多吉傑波的親傳弟子止貢覺巴·久曲貢波為師學佛十七年，在此期間，他與止貢巴上師形影不離，隨侍左右，所以被人稱為「京俄」（意為眼前的人）。後來京俄成為朗氏家族中擔任丹薩替寺的法座和止貢派的宗教首領的一種稱號。京俄扎巴迴乃三十四歲時，受到止貢覺巴的褒獎，被委派掌管丹薩替寺，前後三十三年。到他七十二歲時，扎巴迴乃還兼任了止貢寺的法臺。從此以後，朗氏家族即負責掌管、守護和發展帕木竹巴興建的丹薩替寺，將其教派傳承和朗氏家族血緣關係結合起來，稱為帕竹朗氏家族。

二、帕竹萬戶

　　元朝在西藏設立烏思藏十三萬戶時，帕竹是一個萬戶，最初由蒙古王子旭烈兀管轄。在帕竹朗氏家族掌管丹薩替寺地方的初期，他們除了接受群眾奉獻農牧產品的布施外，並沒有建立自己的有行政管轄權的專門的寺屬莊園。到了扎巴迥乃的後任，他弟弟的兒子扎巴尊追又稱為杰哇仁波欽任丹薩替寺住持的時期，在接受給帕竹的農牧產品布施的基礎上，皇帝又下詔把蒙古皇子旭烈兀在西藏的份地包括土地、房屋、屬民等交給帕竹噶舉派管理，最初任命杰哇仁波欽手下的一個侍從官丹瑪官尊為止貢和帕竹的總管官員。後來丹薩替住持的又一個屬下多吉貝得到蒙古皇帝詔封，被任命為帕竹萬戶長。多吉貝前後三次去皇帝駕前，得到皇帝的詔書和賞賜。他在任期內在頗章崗、春堆扎咯等地建立了十二個寺屬莊園，使帕竹噶舉派開始走向強盛發展時期，這些莊園的建立，可以說是封建莊園制度在西藏得到發展的一個標誌。

　　扎巴尊追在他六十五歲的西元一三六七年即藏曆第五繞迥的火兔年十一月十八日去世。扎巴尊追的弟弟居尼寧瑪仁欽多吉生於西元一二一八年即藏曆第四繞迥的土虎年，他於五十歲的火兔年（1267年）繼任丹薩替寺的法座，護持僧眾十四年，於六十三歲的西元一二八〇年即藏曆第五繞迥的鐵龍年十二月十二日去世。在居尼寧瑪仁欽多吉的時期，萬戶長多吉貝去世，多吉貝的弟弟宣努堅贊被任命為萬戶長。宣努堅贊去世後，薛禪皇帝發布詔令，由洛扎雄德寺的堪布仁欽堅贊任萬戶長兩年。此後又由皇帝下詔，羊卓雍湖邊的喀爾巴家族的絳曲宣努被任命為帕竹萬戶長。總的說來，這三任萬戶長行為

放蕩，對帕竹萬戶沒有任何建樹。

帕竹朗氏家族扎巴迥乃的同宗兄弟袞波堅讚的兒子為綽沃潘，綽沃潘又生了四個兒子，他們是仁欽喜饒、扎巴意希、迥甲沃‧扎巴仁欽、仁欽加卜。老二扎巴意希生於（西元 1240 年）藏曆第四繞迥的鐵鼠年，他在四十二歲的鐵蛇年（西元 1281 年）擔任丹薩替寺的法座，為京俄扎巴意希。他護持僧眾八年，於他四十九歲（西元 1288 年）的藏曆第五繞迥的土鼠年五月十八日去世。在扎巴意希的時期，由宣努雲丹擔任萬戶長，由於他貪酒好色，使得帕竹萬戶的權勢不但沒有增長，反而出現了衰敗景象。

朗氏綽沃潘家的老三迥甲沃扎巴仁欽生於（西元 1250 年）藏曆第四繞迥的鐵狗年，他在四十歲的土牛年（1289 年）出任丹薩替寺的法座，此時薛禪皇帝的帝師扎巴俄色和諸王鐵木兒不花將帕竹萬戶長的詔書和虎頭印頒賜給他，不再另行委任萬戶長，於是他就成為兼任丹薩替寺法座和帕竹萬戶長的「喇本」。在他掌管帕竹萬戶的期間，他贖回了在止貢寺廟之亂時帕竹萬戶喪失的土地和屬民等，對帕竹萬戶貢獻很大。他護持帕竹的政教事業達二十二年，於他六十一歲的（西元 1310 年）藏曆第五繞迥鐵狗年二月二十二日去世。

朗氏這個家族的老四仁欽加卜娶了兩個妻子。一個妻子叫尚堅瑪，她生了堅讚桑布、策細巴扎巴堅讚、扎巴桑波三個兒子。另一個妻子叫本吉瑪，她生了絳曲堅讚、居尼色瑪扎巴喜饒、索南桑波三個兒子。仁欽加卜的這六個兒子中，策細巴扎巴堅讚生於（西元 1293 年）藏曆第五繞迥的水蛇年，他於十八歲的鐵狗年（1310 年）擔任丹薩替寺的法座，護持僧眾五十年，於他六十八歲的西元一三六〇年

即藏曆第六繞迴鐵鼠年十二月三日去世。他在任期間，其兄堅贊桑布前去蒙古皇帝駕前，獲得詔書和印章，擔任帕竹萬戶長七年。此後由堅贊加卜（為曾任帕竹萬戶長的宣努雲丹之子）任萬戶長五年。他們對帕竹萬戶沒有能建立什麼功業。

居尼色瑪扎巴喜饒，生於西元一三一○年即藏曆第五繞迴的鐵狗年，他在五十一歲鐵鼠年（1360 年）繼任丹薩替寺的法座，護持僧眾十二年，於他六十一歲的西元一三七○年即藏曆第六繞迴的鐵狗年九月十二日去世。

三、帕竹第悉（帕竹政權）

1、帕竹首任第悉大司徒絳曲堅贊

絳曲堅贊（西元 1302-1364）是居尼色瑪扎巴喜饒任丹薩替寺法座時的帕竹萬戶長，他是帕竹政權的開創者和第一任執政者（第悉），因此我們在此要對他的事蹟作詳細介紹。

出生與學法。大司徒絳曲堅贊生於西元一三○二年即藏曆第五繞迴的水虎年。他從三歲起就開始學習讀寫，到七歲時在京俄策細巴扎巴堅贊身前受了居士戒，起名絳曲堅贊。他九歲時在堪欽楚達哇的身前出家，十四歲時前往薩迦寺學法。他在薩迦拜達尼欽波桑波貝和喇嘛年麥巴為師，聞習《二觀察續》等經論，經過五年的學習，獲得了薩迦派格西的資格，還擔任過達尼欽波桑波貝的管印侍從官。在那時候，西藏的一些萬戶長、地方首領都送自己的子弟到薩迦去學習，在這些貴族子弟中帕竹絳曲堅贊是最受達尼欽波桑波貝上師重視的一

個。他在薩迦期間，學習和精通了許多宗教方面和行政方面所需要的知識，為他後來擔任萬戶長奠定了基礎。

擔任帕竹萬戶長。絳曲堅讚的前任帕竹萬戶長堅讚加卜，在政治上和宗教上都沒有什麼才幹，但又不願把萬戶長的職位交給絳曲堅讚，因此在他離職前，他將乃東萬戶府的倉庫中的物品，能拿走的都拿走，拿不走的也加以破壞。使得絳曲堅讚就任時倉庫裡沒有什麼值錢的東西，莊園、土地和屬民的權力也沒有交給他，而是分散在一些地方首領的手裡，總之，絳曲堅讚是在帕竹萬戶內外許多人不情願的情況下出任帕竹萬戶長的。他上任後先委任了宣努俄色為乃東萬戶府管事，但宣努俄色在內外一些事務上都與絳曲堅讚的意見不同，自行其事，結果在開始的七年當中乃東的財力不但沒有加強，反而欠了別人黃金一千餘兩，絳曲堅讚萬戶長的處境非常艱難。

後來，絳曲堅讚任命霍爾·宣努桑波為乃東的內管家，他們倆志同道合，專心致志做好管理乃東的事務，絳曲堅讚也充分發揮了自己的能力，逐步收回喪失於旁人手中的帕竹屬地的大部分，使得帕竹萬戶的力量逐步加強。他修復了帕竹屬下的一些莊園，在各地推行植樹，在香曲河上架設大橋，擴大乃東官寨的建築，最後使帕竹成為西藏各萬戶中實力最為強大的一個。

在絳曲堅讚自傳中記載說：「後來，當院巴（指元朝宣政院官員）到貢塘時，我們也前去桑耶的松噶地方迎接。院巴帶著詔書、行（宣政院）的印章和文書，我們恭聽宣讀聖旨，接待了院巴。院巴說：『你本人若能前往朝廷拜見皇帝，是最好的了，你若不能前往，應當派一名代表前去。這樣你所請求的事就會實現。』於是我就派遣了以

喜饒多吉和內管家宣努桑波等為首的使者們前去朝廷。向朝庭請求大司徒的名號和印章，萬戶府所需的銀質圓印，減少萬戶府一半人戶的差稅，使我的米德獲得休養生息……」

喜饒多吉和旺秋到達京城後，在第二天晉見了皇帝陛下，朝見的情況很好。皇帝頒下聖旨，賜給了帕竹萬戶所需的圓形銀印兩枚，除萬戶的米德所必須擔任驛站的差徭外，其他一切差稅減半，還賜給了宣政院的付，大量物品和金質腰牌。

絳曲堅贊打敗雅桑、薩迦等派的進攻。在王子旭烈兀管理帕竹萬戶的時候，雅桑巴是帕木竹巴萬戶之下的一個千戶。後來雅桑的勢稍大後，雅桑巴通過合法的和武力的手段正式從帕竹萬戶中分離出來，形成為一個萬戶，並不斷與帕竹爭奪屬下的地方和莊園。特別是在堅贊加卜任萬戶長時，帕竹屬下的兩個地方都被雅桑巴奪去，兩者不斷發生衝突。直到絳曲堅贊任帕竹萬戶長，雅桑巴在衝突中一直占上風。

絳曲堅贊從一當上帕竹萬戶長起，就力爭用合法的手段收回以前丟失掉的帕竹萬戶屬下的地方和莊園，但是雅桑萬戶對此不加理睬。絳曲堅贊只能依靠武力奪回堅贊加卜任萬戶長時帕竹丟失的轄地。於是雅桑萬戶一方面爭取蔡巴萬戶等其他萬戶發兵支援，來對抗帕竹萬戶的進攻，另一方面又對當時掌握西藏行政大權的薩迦本欽等人進行行賄拉攏，爭取他們一致對付帕竹。

於是，雅桑萬戶、止貢萬戶、蔡巴萬戶和薩迦本欽聯合起來，以審理訴訟的名義逮捕了絳曲堅贊，給他戴上枷鎖，用皮鞭抽打，使他身上皮開肉綻，在一個多月中只能俯伏而臥。絳曲堅贊在雅隆被監禁

三個多月，在後藏又被監禁兩個半月，期間蔡巴等人還暗中鼓動薩迦本欽殺害絳曲堅贊。儘管絳曲堅贊受到無數打著合法旗號的強大壓力，但他始終英勇不屈，沉著安排，以霍爾‧宣努桑波為首的帕竹軍隊堅守住乃東，對進攻者予以反擊，使敵方無計可施。這個時期，帕竹處境危險而困難。但是薩迦派各個拉章和前後任本欽內部不和的狀況，使帕竹能夠堅持下來。薩迦派內部的矛盾不斷激化，特別是旺尊擔任薩迦本欽後，本欽甲哇桑布的權力受到損害，他不得不尋求一個將來能給自己以軍事力量支持的盟友，而帕竹絳曲堅贊最為適合，於是甲哇桑布悄悄地從監禁中釋放了絳曲堅贊，使絳曲堅讚得以死裡逃生。

事實上，薩迦和帕竹之間在歷史上就有矛盾，加上此次雅桑巴等人對薩迦本欽進行紙筒充氣（喻火上加油），加以鼓動，使薩迦和帕竹之間的矛盾逐漸上升到你死我活的程度。絳曲堅贊回到乃東後，召集帕竹萬戶的官員和百姓集會。萬戶長絳曲堅贊對他的民眾說，在這一官司未最終解決以前，僧俗官員百姓無論何人都不要講什麼專心修佛法、避免困苦勞累和危險的話，大家都要同心合力，在獲得勝利前，絕不停止與敵人的戰鬥，並大家立下誓言。後來帕竹在與各萬戶的軍隊和薩迦的武裝的戰爭中壯大了自己的軍隊，最後使得絳曲堅贊能夠統治整個西藏。

絳曲堅贊建立帕竹政權。大司徒絳曲堅贊結束薩迦巴的統治並建立帕竹的政權，是在經過曲折的道路和最終戰勝各種反對勢力的基礎上才得以實現的。

直接促成絳曲堅贊結束薩迦巴在西藏的統治並建立帕竹統治西藏

的政權的近因，是薩迦四個拉章之間的內部矛盾不斷擴大。以本欽旺尊為首的拉康拉章為一派和以本欽甲哇桑布為首的其他三個拉章為一派，互相爭鬥，結果本欽甲哇桑布的一派遭到失敗，拉康拉章的帝師貢噶堅讚的兩個兒子將本欽甲哇桑布逮捕，監禁在薩迦。為了營救甲哇桑布，他的兒子格西扎巴僧格向絳曲堅讚請求援助。當絳曲堅讚率兵抵達薩迦時，在反駁薩迦喇嘛夏欽巴的責難時說：「我前來此地，是朝庭宣慰司的官員們、你們薩迦派的有頭腦的人們和烏思藏全體有理智的人先後捎信給我，說應該前往營救本欽，我才前來的。我來曲彌吉祥寺的目的，不是來向你們薩迦送交禮物，不是來請求祖業家產，也不是來表示恭順的，你們薩迦派的諸位喇嘛不要期望我向你們禮拜，對帝師的兩個兒子，我能逮到就逮捕，落到我手中就殺掉。我是來營救本欽和幫助實施正義的。」[1] 對於這一歷史事件，班欽索南扎巴在他所著的《新紅史》中說：「木馬年薩迦發生內亂，夏爾拉章的人逮捕了甲哇桑布投入獄中，此時，絳曲堅讚派以仁欽桑布為首的大軍（對薩迦）加以威嚇，救出甲哇桑布，整頓了後藏的大部分地區。從此以後，十三萬戶的烏思藏各地任免管事官員等，都由大司徒掌管蓋印。」[2] 這裡的木馬年是西元一三五四年，是藏曆第六繞迥的木馬年，現代的歷史學家們把這一年定為帕竹統治西藏的開始。事實上，在當時帕竹的力量已經達到十三萬戶誰也不能與它相比的程度。但絳曲堅讚卻認為他耗廢大量人力財力，是為了維護元朝皇帝的法度，為了整個西藏的安樂，而不是為了個人的官位和權勢。

1　引自《朗氏家族史》第 265 頁。

2　班欽索南扎巴《新紅史》，西藏人民出版社 1982 年藏文版，第 78 頁。

為感謝絳曲堅贊，甲哇桑布當時在曲彌寺院的迴廊舉行大宴會，請大司徒赴宴，在宴會上本欽將自己的後代子侄、財產、權位等等都獻給絳曲堅贊。從此絳曲堅贊接管了曲彌、仁蚌、答驛站等地。接管後，他委派了手下多哇和仁欽沃二人擔任乾巴和管事者，留下約二百名兵士管理薩迦大殿，自己率大軍回到乃東去了。

西元一三五八年薩迦內部再次出現爭端，本欽甲哇桑布派人給大司徒絳曲堅贊送信，請他前往曲彌。這時傳來本欽甲哇桑布突然去世的消息，聽到這一消息後，絳曲堅贊立即派欽波仁欽桑波前去薩迦協助辦理本欽甲哇桑布的追薦超度活動。正是在這時，即西元一三五八年藏曆第六繞迴土狗年，元朝派往薩迦迎請高僧索南洛追去朝廷擔任帝師的金字使者魯傑多爾斯袞和杰哇仁欽溫波到西藏頒給絳曲堅贊大司徒的名號和印章。自此始，絳曲堅贊被稱為大司徒絳曲堅贊。

就在這一年，薩迦的薩巴絨巴扎巴堅贊聯合拉孜以及一些地方勢力的軍隊，一起攻打昂仁，拉堆絳的領主在生死存亡的危險的關頭，派人前去請求大司徒絳曲堅贊發兵救援，大司徒很快派出軍隊，當本欽旺尊父子為首的軍隊從拉孜出發圍攻薩迦大殿時，大司徒的軍隊也到達薩迦。軍隊在薩迦的行動很順利，他們生擒了本欽旺尊，將一大批罪行嚴重者處死，將四六四人處以挖眼的刑罰。[3]在這次用武力根除敵對勢力後，大司徒開始直接管理全藏的政務。他徹底解決各地方勢力之間的糾紛，並對薩迦派的各種大事進行直接管理，要各個首領找一個擔保人，立下永不違反規定的保證文書。大司徒絳曲堅贊還以薩迦的喇嘛丹巴為自己的根本上師，遇事向他請示商量，對其他的薩

3　大司徒絳曲堅贊《朗氏家族史》，第308頁-309頁。

迦派的喇嘛和本欽等，在他們不違反協議的

　　情況下也加以恭敬。他還任命江孜首領帕巴貝為薩迦大殿的管理人和拉康拉章的大近侍。在交接事務結束後，大司徒將自己以前派駐在薩迦的官員和軍隊兵士一個不留地全部撤回乃東。對於他的這種做法，五世達賴喇嘛也讚揚他說：「彼止貢、蔡巴、雅桑、薩迦本欽等肇事之徒，自恃權勢財富，醉心於爭鬥，猶如豺狼，非時吼叫。獅子並不以其為敵手，於不經意之間，就使進犯者變成毒蛇獻珠一樣。大司徒最終以武力奪取各方的權勢，統治直到西方水神邊疆。其威嚴號令，如同黃金牛軛一樣深重，使眾人俱納入法令之下。……」[4]大司徒絳曲堅贊在深入觀察分析元朝和西藏薩迦巴政權走向衰敗問題的基礎上，對如何適合當時情勢搞好帕竹政權進行了認真的思考，制定了許多對後代也很有教益的規定。

　　1）戰場所得的戰利品歸兵士和兵差戶所有。帕竹萬戶曾多次遭到包圍和進攻，為了反擊和抵抗敵人，只能從自己管轄地區徵集眾多的兵員參戰，因此給百姓造成空前沉重的巨大負擔。為了彌補部眾在戰爭中的部分損失，他規定在歷次戰爭中所獲得的戰利品，帕竹政權不徵收不占有，歸參戰的官員、兵士和兵差戶百姓自己所有。

　　大司徒絳曲堅讚的這種做法，在西藏以前的歷史上沒有過的，這是他的團結部眾，一心對敵的重要戰爭策略，在帕竹軍隊戰勝其他各個勢力的過程中發揮了重大作用。

　　2）減輕差稅。由於連年征發差稅勞役，使得百姓無力負擔，受

4　五世達喇嘛《西藏王臣記》。

到官府催逼，無法進行正常的農牧業生產。大司徒絳曲堅贊為了使百姓休養生息，減輕負擔，對廣大群眾實行減少差稅、給以賑濟的辦法。有時連續幾年實行減差，並對百姓的勞役規定限額，盡可能減輕，實行了許多有利於百姓發展生產、增加生活物資的辦法。

大司徒絳曲堅贊實行的對百姓適當減免差賦的措施，對恢復農牧業生產、逐步改善群眾生活有一定的作用。由於採取了各種恢復生產的措施，不僅做到不拋荒耕地，而且在適合耕種的生荒地上開荒種地，擴大耕種，使得山谷平川佈滿農田，獲得豐收。以至出現了麻雀飛不到邊的大片農田和群眾生活改善的昇平景象。

3）組織建設工程。這個時期建設事業也有了較大的發展。例如，當時在「貢噶、扎喀、內鄔、沃喀達孜、桑珠孜、倫珠孜、仁蚌等烏思藏的緊要的地方建立了十三座大城堡。」[5]大司徒在自己的遺囑中也說：「在我們所管轄的全部地方，每年要保證栽種二十萬株柳樹，要委派管理柳樹林的人，並進行清點查驗，查明底細。種樹的好處是，維修官房寺院，修葺僧俗差民百姓的住房，修造船隻，因此不能不種樹。人人都要管好無窮無盡的寶藏——發菩提心和植樹。由於所有地方的溝谷平川都樹木稀少，因此要根據時令季節，一些時間禁止砍樹割草。要用鋒利的鐮刀和兵器劃出地界，在劃出的地界內要種上樹。」[6]

西元一三五一年即藏曆第六繞迥鐵兔年大司徒主持興建了澤當大

---

5 五世達賴喇嘛《西藏王臣記》民族出版社 1957 年鉛印版，第 139 頁。

6 大司徒絳曲堅贊《朗氏家族史》第 372 頁。

寺院。在歷代的統治者中，像他這樣重視植樹造林，努力為後人留下一座取之不盡的物資寶庫的，還是很少見的。

4）改訂法律。五世達賴喇嘛的《西藏王臣記》中記載說，大司徒絳曲堅贊改訂了法律，即制訂了：「英雄猛虎律，懦夫狐狸律，官吏執事律，聽訟是非律，調解法庭律，重罪肉型律，警告罰律，胥吏供應律，殺人命價律，傷人處刑律，狡賴賭咒律，盜竊追賠律，親屬離異律，姦污賠償律，過時逾約律。」[7]等十五法律。

在薩迦派統治西藏的時期，實行的是元朝的法律，規定殺人者應當償命。大司徒絳曲堅贊認為執行死刑的法律是一種造孽（佛教認為傷害生命是一種惡業），同時為了以前吐蕃贊普的好規矩不衰敗，因此規定對殺人者罰交命價，以使法律適合藏族的傳統習慣和當時的實際，他將法律條文總結歸納為十五部分，制定了十五法，此外他還定了許多屬於法律和行政法規範圍的規定，並公佈執行。例如，「首邑乃東的大門、外門、內門三重門中，婦人和酒不得進入內門的法規」，西藏的十三個大宗的宗本每三年輪換的制度等。[8]

5）人事安排。這是絳曲堅贊為了使帕竹政權能夠維持長久而採用的一個十分重要的辦法，也是他在行政制度上與眾不同的思想。他總結了歷史上大大小小的執掌政權的統治者興衰更替的經驗和得失教訓，汲取他們努力使自己處於不敗之地的長處，希望帕竹政權不但能夠一代接一代地傳下去，而且能夠堅持他的執政思想。帕竹政權後來

7　五世達賴喇嘛《西藏王臣記》，民族出版社 1957 年版，第 139 頁。

8　班欽索南扎巴《新紅史》，西藏人民出版社 1982 年版，第 80 頁。

的歷史，說明大司徒的這些思想和措施是正確的。

　　大司徒絳曲堅讚的遺教中，在談到帕竹政權的第悉和帕竹的近侍人員的條件說，朗氏家族血統純潔的後代，都應到澤當寺裡去學習，學習各種知識，遊手好閒的人應該把他驅逐出子孫的行列。而位居帕竹政權第悉的人，負責管理以乃東為首的所有差民和新舊谿卡。所以擔任此職的人年青時就應出家，不同婦人廝混，戒行整潔，根本不飲酒，過午不食。善於聽從有理智的長者們的話，眼睛不往下瞅，不做放肆的舉動，閒暇之際閉關修持，默誦本尊禮讚達到規定次數，向護法神定時敬獻供品和朵瑪施食。他不應當親近身邊的年輕人和幼童，不在白天和他們嬉戲賭博，晚上和他們講故事做放蕩的事。他不可私自占有政權屬下的窮苦百姓，不可偏私不公，不可做讓兵士、百姓失望的事。若出現失誤，應聽從有頭腦的知識廣博的人們的提醒，猶如所謂迷途知返那樣，有大丈夫的氣概。

　　如果有人違反上述規定，不論他是我們的後裔中的什麼人，都得從官職上下臺，讓其主僕二人到丹薩替寺的普通土屋中住十二年，誰也不要向他敬禮，不要向他表示恭敬，要把他當成普通的人。[9]他還說：「我們的後裔之中，在家的俗人多了也沒有益處，各家留一個在家俗人就可以了，娶妻室娶一個就足夠了，不要娶兩個，若妻子不生子女，則可再娶一個。在娶妻婚配時，不得娶外部的首領、達官、大德和有權勢者家的女子為妻，應娶我們政權管轄區域之內，受到人們稱讚的父祖良善的上等人家的女子為妻。不可娶擔任管家或有權勢的俗官家的女子為妻，其原因是：我們的後裔所娶的女子的兄弟、親

9　大司徒絳曲堅讚《朗氏家族史》，西藏人民出版社 1986 年版，第 363 頁。

友、眷屬及僕人等會因系我們的親戚，而趾高氣揚不可一世，這是政權內部產生仇隙、禍亂及至毀滅的根源。」[10]

從此可以清楚看出，《大司徒遺教——見者受益》這篇文獻是絳曲堅贊總結了以前許多統治者的執政辦法，在發展和繼承前人的基礎上，提出了自己的獨特的執掌政權的辦法。具體地說：

第一，他規定朗氏家族的後裔中掌權者為三人，這就是帕竹第悉、丹薩替寺京俄、澤當寺座主。即使是擔任帕竹第悉的，也應該出家，學通顯密經論，沒有酒色過失，知識廣博，拋棄各种放逸行為。擔任丹薩替和澤當寺的座主的，應該逐步學習和精通佛法，並樹立起修行的幡幢，要專心於護持教法的事業。他們不得私自占有貧苦農奴，不得獨斷專行濫用權力，不得干預行政事務。他還規定朗氏家族中承擔繁衍後裔之事的，在娶妻時不要娶外面的地方首領及有權勢的家族的女子，而且除了特殊的情況之外，只能娶一個妻子。

第二，大司徒絳曲堅贊還對不屬朗氏家族後裔但是擔任帕竹政權侍從官職的人員規定了嚴格的條件。例如規定帕竹政權掌管內務的管家也要出家，並且沒有酒色的過錯，要專心致志地服侍帕竹第悉，不能謀取私利，從執掌鑰匙開臺直到亡故，要終身為帕竹效勞。而帕竹政權則對他們的親屬和後代給以照顧。與此相同，大司徒對司膳、司寢等侍從僕役也都作了明確規定。這些規定從他去世後一直到闡化王扎巴堅贊時期都堅持執行，沒有發生過大的改變，對帕竹政權的鞏固、力量的增長起了重要作用。帕竹早期政權的穩定和社會的發展證

---

10 大司徒絳曲堅贊《朗氏家族史》第 370 頁。

明了司徒絳曲堅讚的行政思想是傑出的和正確的。因此，大司徒絳曲堅贊不僅精通軍事，還是一位傑出的政治家。他是一位值得人們稱頌的西藏歷史上的偉大人物。

絳曲堅贊二十歲時擔任帕竹萬戶長，五十一歲時興建了澤當寺，建立了仁蚌宗，五十三歲時即西元一三五四年建立帕竹政權，並興建了桑珠孜城堡（今日喀則），五十五歲時興建了內鄔宗（今拉薩市拉薩河南面）、恰地方的扎喀宗，五十七歲時即西元一三五八年消滅了薩迦本欽旺尊及其追隨者，肅清了薩迦政權的殘餘勢力，開始全面統治整個西藏。也就是在這一年，元順帝妥歡鐵木兒派遣達魯花赤等金字使者進藏，賜給絳曲堅贊大司徒的名號和印章。最後，大司徒絳曲堅贊在他六十二歲的西元一三六四年即藏曆第六繞迴的木龍年十月十七日逝世。

大司徒絳曲堅贊是帕竹政權的第一任第悉，按照現代的算法，他從西元一三五四年到西元一三六四年共執政十年。

2、帕竹政權第二任第悉國師釋迦堅贊

絳曲堅讚的弟弟索南桑波娶了兩個妻子，共有三個兒子，其中的釋迦堅贊即是帕竹政權的第二任第悉。

釋迦堅贊生於西元一三四〇年即藏曆第六繞迴的鐵龍年。他幼年時跟從喇嘛魯龍扎巴學習讀寫，在受居士戒時，起名扎巴桑波。九歲時又跟從堪欽宣努旺秋和法師宣努尊追受戒出家，起名為釋迦堅贊。十三歲他出任了澤當寺的法座，直到二十六歲時，共護持該寺僧眾十三年。

西元一三六一年，大司徒絳曲堅贊派去元請封賞的使者扎喀哇‧仲欽喜饒扎西從朝廷回到西藏，帶來元朝最後一位皇帝妥歡鐵木兒賜給釋迦堅讚的弟弟釋迦仁欽的封他為帕竹萬戶長的詔書和印章。關於這方面的情況，大司徒絳曲堅贊在他的自傳中說：「我派遣喜饒扎西等人前往朝廷，在路途中院使達瑪格底給他們嚴重妨害，使他們遇到許多麻煩，吃了不少苦。在朝廷上達瑪格底院使又和堅贊仁欽、喇欽巴（指帝師索南洛追）的人年扎等一起，向皇帝奏報了各種不實之辭，說我們背叛，進攻薩迦寺，把薩迦寺大殿拆毀作為馬圈，奪取樞密院的院衙署等。此後，喜饒扎西等人也到了朝廷，先向喇嘛嘉哇仁欽和班智達等人報告，由他們二人到皇帝駕前奏請。隨後喜饒扎西等朝見了皇帝，情況很好，皇帝賜給我敕書和賞賜物品、禮品等，並封釋迦仁欽為萬戶長，賜給詔書和虎紐印章、管轄的百姓和地方的清冊，還得到了寫明以貢噶、仁蚌為首的我們在烏思藏的谿卡和管轄範圍的完滿封文，其中有對屬民百姓有利的減少差稅的內容。」[11]絳曲堅贊為釋迦仁欽爭取到了萬戶長的賜封后，他因與釋迦仁欽意見不合，遂又以在他健在的期間不必要另行委任一個萬戶長為由，讓釋迦仁欽去丹薩替寺靜修密法。按照大司徒絳曲堅讚的考慮，釋迦堅贊應當豎立起修行的幡幢，具足賢哲、尊嚴、善良三個方面的功德，成為布頓那樣遍知一切的佛教大師。至於帕竹第悉的繼承人，大司徒寄希望於釋迦仁欽的兒子絳曲多吉，但是在大司徒絳曲堅贊病重時，他又改變了初衷，授權釋迦堅贊繼任帕竹政權的第悉。所以釋迦堅贊從西元一三六五年即藏曆第六繞迴的木蛇年正式就任帕竹第悉。

---

11 大司徒絳曲堅贊《朗氏家族史》，西藏人民出版社 1986 年版，第 343 頁。

西元一三七二年即藏曆第六繞迴水鼠年，明朝皇帝明太祖朱元章封釋迦堅贊為大司徒、靖國公、灌頂國師的官職、印章及世代管領吐蕃三個卻喀的詔書，從這以後，他的名字被通稱為絳漾國師釋迦堅贊。這是明朝皇帝首次給帕竹第悉賜給詔書和官爵，帕木竹巴朗氏家族統治西藏的根本的文書依據也就是這份詔書。

國師釋迦堅贊擔任帕竹第悉期間，他堅持執行了伯父大司徒絳曲堅贊所規定的行政辦法，在此期間，後藏有幾個地方首領不聽號令，他便帶領軍隊前去平息。除此一場小戰外再也沒有發生過什麼戰亂，因此成為帕竹政權穩定興盛向上發展的一段時期。西元一三七三年即藏曆第六繞迴水牛年九月三十日三十四歲的釋迦堅贊去世。

絳漾國師釋迦堅贊是帕竹政權的第二任第悉，他從西元一三六五年到一三七三年在位九年。

3、帕竹政權第三任第悉京俄扎巴絳曲

京俄扎巴絳曲又被稱為策細薩瑪哇，生於西元一三五六年即藏曆第六繞迴的火猴年，他是釋迦堅贊同父異母哥哥的兒子，也就是釋迦堅讚的侄子，他的哥哥扎巴仁欽曾一度擔任澤當寺寺主。他四歲開始學習讀寫，十二歲時跟從京俄扎巴喜饒聽受教法。

絳漾國師釋迦堅贊曾堅持要求扎巴絳曲娶妻生子繁衍朗氏家族後裔，但他沒有接受，而在十五歲時授了出家戒，起名扎巴絳曲，後來他又受了比丘戒，在原來名字上又加了貝桑布三個字，稱為扎巴絳曲貝桑布。他十六歲時擔任了丹薩替寺的法座。

京俄扎巴絳曲本身只願努力修習顯密教法，執掌佛法的幡幢，對於地位崇高的官職和財富享樂看得如同巴蕉樹一樣（據說巴蕉結一次

果後即枯萎），沒有意義。但是到他十九歲時，喇嘛丹巴索南堅贊和帕竹議事會成員們堅持請求他兼任因釋迦堅贊去世而空缺的帕竹政權第悉的職位和丹薩替寺的法座，即出任承擔政教重任的「喇本」，於是，他在西元一三七四年即藏曆第六繞迴的木虎年出任京俄兼第悉。他在二十六歲的西元一三八一年即藏曆第六繞迴的鐵雞年扶植京俄索南扎巴擔任帕竹第悉的職務，而他本人則繼續任丹薩替寺法座，護持僧眾，他總共任丹薩替寺法座十六年。在京俄扎巴絳曲擔任帕竹第悉的期間，他規定在神變月（藏曆正月）內在各個宗及上下所有地方禁止殺生，努力建立佛教法王的功業，他還努力講經和修行，儘力樹立佛法事業的典範。

由於扎巴絳曲的學識，連至尊宗喀巴大師也曾拜他為師。宗喀巴還按照檀丁的《詩鏡論》的格式撰寫了一篇詩體的《京俄扎絳曲貝桑波的故事──福力的須彌山》。

京俄扎巴絳曲三十一歲的西元一三八六年即藏曆第六繞迴的火虎年二月五日去世，他從西元一三七四年到一三八一年擔任帕竹第悉，在位八年。

4、帕竹政權第四任第悉索南扎巴

第悉索南扎巴亦稱桑東巴，生於西元一三五九年，即藏曆第六繞迴的土豬年，他是前任第悉扎巴絳曲的異母弟弟。九歲時受近事戒，起名為索南扎巴。此後由法主喇嘛丹巴跟前出家。他十歲時出任澤當寺的座主，廣泛聞法說經。後來他又受了比丘戒，護持澤當寺僧眾十四年。西元一三八一年藏曆第六繞迴的鐵雞年，他擔任帕竹政權的第悉，那年他二十三歲。在他執政期間，出現了一些不安定的跡象，

《洛絨教法史》中說：「索南扎巴巡視了貢噶谿卡的地方，然後於陰木牛年前往丹薩替寺的森康秀拉寢殿，當時由於一些做邪行者，出現了一些不吉兆。第二年他二十八歲的陽火虎年，他登上寺院的法座，成為修行密法之主。」[12]正如這段記載所暗示的，他在二十七歲的西元一三八五年即藏曆第六繞迴木牛年捨棄第悉的職位，到丹薩替寺就任座主。他護持丹薩替寺僧眾二十年後，在他四十七歲時又把法座交給京俄貝哇（貝丹桑布），自己遁世修行。最後他在五十歲的西元一四○八年即藏曆第七繞迴土鼠年二月十九日去世。

索南扎巴為帕竹政權的第四任第悉，他從西元一三八一年到一三八五年在位五年。

5、帕竹政權的第五任第悉王扎巴堅贊

釋迦仁欽是國師釋迦堅讚的弟弟，他有六個兒子，這就是扎巴堅贊、絳曲多吉、果色哇亦稱京俄索南桑波、京俄貝丹桑布、京俄索南堅贊、仲桑結堅贊。老大扎巴堅贊生於西元一三七四年即藏曆第六繞迴的木虎年，他七歲時在堪欽宣旺身前出家，起名為扎巴堅贊貝桑布。他在八歲的鐵雞年登上澤當寺的法座，講說《因明釋量論》，獲得賢哲的聲名。他護持澤當寺僧眾四年，當他十二歲的西元一三八五年即藏曆第六繞迴木牛年，在帕竹第悉索南扎巴去丹薩替寺以後，就任帕竹政權的第悉。

在扎巴堅贊十六歲那年，明朝皇帝建文帝封給他王爵，並賜給他金印。西元一四○九年，明朝永樂皇帝又封他為闡化王，賜給他詔書

---

12 巴俄祖拉陳哇《賢者喜宴》（即《洛扎都法史》），手抄本，第 309 頁。

和玉印。[13]因此人們通常稱他為王扎巴堅贊。

王扎巴堅贊執政的期間是帕竹政權的權勢達到鼎盛的時期，也是帕竹政權的行政制度發生變化的時期。在王扎巴堅贊執政的前期，「由古尚宗吉扎巴仁欽擔任掌政大臣，中間某個時候，眾官員對他不滿，向第悉進讒言，害死了宗吉。緊接著有雅隆的十名俗官掀起混亂，被稱為『十人伙』。」[14]又有記載說：「在他的前半生，發生了甥舅爭執及艾、涅地方的戰亂等許多危難困苦，不過他後來安定了本部，並將烏思藏大部分的萬戶、千戶收歸治下。」[15]按這兩段記載，當時在帕竹政權內部和雅隆地區發生了一些小的動亂，但都為扎巴堅贊所平息。此後，由於年堆（今江孜）的法王夏哇熱丹貢桑帕巴不遵命令，帕竹曾兩次用兵年堆地區。除了這少數情況外，整個地區安定無事，群眾生活有所改善，西藏的經濟、文化、建設等方面都有了超以往任何時期的發展。這時，西藏各教派的學者如天空中的繁星層出不窮；格魯派在這一時期創立和發展，興建了前後藏格魯派的四大寺廟（哲蚌、色拉、甘丹、扎什倫布）；西藏木刻印刷事業也發展起來，一部部木刻印刷的大藏經開始出現；交通方面的突出成就是在大江大河上興建了許多便得群眾來往的橋樑。

王扎巴堅贊本人在政教兩方面都有廣博的學識，他下面的官員們也具有學識才幹，並且對帕竹政權忠誠效力，矢志不渝，所以扎巴堅贊認為從大司徒絳曲堅贊開始實行的對前後藏各個宗的宗本規定任

---

13 東嘎‧洛桑赤列《論西藏政教合一制度》，民族出版社 1981 年版，79 頁。

14 班欽‧索南扎巴《新紅史》，西藏人民出版社 1982 年版，第 84 頁。

15 達倉宗思‧班覺桑布《漢藏史集》。

期、到時改任的辦法與形勢已不大相符，顯得不那麼必要，因此他重新規定由主要的大臣世代掌管各主要的宗，例如由仁蚌南喀堅贊領仁蚌宗，瓊結巴・霍爾・班覺桑布領谿卡桑珠孜宗（今日喀則）、內鄔巴・南喀桑波領內鄔宗，扎喀哇會欽貝哇領扎喀宗。這是帕竹政權的行政制度方面的一個重大改變，它不只是固定各個宗主管官員的問題，更主要的是他改變了從絳曲堅贊時期開始的，主要的官員、管家侍從都要出家並且沒有酗酒婦人方面過失的規定，而變為由家族世襲官員的制度。這一改變從當時看，對帕竹政權的事業有一定的好處，但是後來各宗的貴族後裔逐漸分割統治，造成帕竹政權大權旁落和外人滲透的局面，成為帕竹政權衰敗的一大原因。特別是帕竹與仁蚌巴家族的聯姻，直接造成了帕竹政權的滅亡。

王扎巴堅贊執政時期，帕竹的侍從官員很多，設有各級達官貴人的侍從機構，與此相適應，西藏古代的裝飾品、服裝、鑲嵌各種珍寶的耳飾等成為日常佩戴的物品，尤其是在藏曆新年舉行慶祝宴會時，其穿戴據說都是吐蕃贊普時期的服裝和珍寶飾品。此外他還規定，禁止隨意穿戴不合習俗的衣帽，禁止不符合美好行為的舉止及言行不符等。

在宗教方面，扎巴堅贊對各個教派的僧團都予以尊重，並多年一直擔任四部僧眾住夏安居的施主。他興建了三座吉祥多門佛塔、寫造金汁書寫的大藏經《甘珠爾》，建造了無數佛像、佛經、佛塔。特別是宗喀巴大師創建拉薩祈願大法會時，他捐獻了很多資財，在興建格魯派的主寺甘丹寺時他擔任了主要的施主。西元一四三二年即藏曆第七繞迴水鼠年，時年五十九歲的王扎巴堅贊逝世。他是帕竹政權的第五任第悉，從西元一三八五年到一四三二年在位四十七年。

6、帕竹政權的第六任第悉王扎巴迥乃

王扎巴迥乃的身世是,王扎巴堅讚的弟弟桑結堅讚先從仁蚌家娶一妻,名叫貢噶貝宗,她生的兒子為扎巴迥乃,後來桑結堅讚又從仁蚌家娶一妻,是仁蚌巴的女兒,她生的兒子為貢噶勒巴。

扎巴迥乃生於西元一四一四年即藏曆第七繞迥的木馬年,他十九歲時 (西元 1432 年) 就任帕竹政權的第悉。一四三四年的一次戰亂中,位居帕竹大臣的仁蚌巴諾布桑波乘機取得了谿卡桑珠孜等後藏地區的幾個宗,此後帕竹政權開始走向衰落[16]西元一四四〇年即藏曆第七繞迥的鐵猴年明朝正統皇帝賜給扎巴迥乃封王的詔書,因此他又被稱為王扎巴迥乃。西元一四四五年即藏曆第七繞迥的木牛年王扎巴迥乃去世,時年三十二歲。

王扎巴迥乃是帕竹政權的第六任第悉,他從西元一四三二年到一四四五年在位十三年。

第悉扎巴迥乃是帕竹和仁蚌兩家通婚所生的第一代後裔,王扎巴堅讚去世後,他們父子(桑結堅讚和扎巴迥乃)誰來繼任帕竹第悉的問題,發生了爭執。這方面的情形,五世達賴喇記載說:「大法王去世後,扎巴迥乃尚年輕,故關於宮殿中的寶座由父子中的誰人執掌,眾大臣議論不合,乃請問於京俄仁波且索南堅讚,京俄指示當立兒子,故扎巴迥乃繼任第悉。到京俄去世後(1434 年),父親(桑結堅讚)又欲登位,行為不端,造成雅隆地方發生動亂,後來父親桑結堅

---

16 東噶·洛桑赤列《論西藏政教合一制度》,民族出版社 1981 年版,第 81 頁。

贊主僕不得不前去雅郊。」[17]班欽‧索南扎巴記述說：「大法王扎巴堅贊去世後，扎巴迥乃尚年輕，首領官員們對叔侄（當是父子）誰來繼承王位的意見不合，此時仁蚌巴諾布桑波提議，至丹薩替寺詢問京俄仁波且意見，照京俄所說決定為好。照此徵詢京俄意見時，京俄說，應由兒子繼位，在家老者（指父親桑結堅贊）不應登此位。誰也不敢違背京俄的話，所以十九歲的兒子扎巴迥乃在水鼠年（西元 1432 年）登上高位，護持國政。到木虎年（西元 1434 年）新年正月二十二日，京俄仁波且在丹薩替寺逝世，父親桑結堅贊主僕又生是非，圖謀獲取王位，做了一些損害親情的事，使得雅隆和丹薩替時局動盪，桑結堅贊主僕不得不避往雅效，地方不寧愈加嚴重。此事被稱為虎年（西元 1434 年）大動亂，也被稱為帕木竹巴內亂之年。」又說：「扎巴迥乃三十歲的水豬年（西元 1443 年），又以極大的恭敬迎請父親從雅郊返回澤當囊索居住。[18]」從當時整個歷史背景來考察，可以看出這種記載是符合當時的歷史真實的。

7、帕竹政權的第七任第悉王貢噶勒巴

王扎巴迥乃之弟貢噶勒巴於西元一四三三年即藏曆第七繞迥水牛年生於官薩。他十四歲就任澤當寺的法座，十六歲就任帕竹政權的第悉。從王扎巴迥乃一四四五年逝世到貢噶勒巴就任帕竹第悉之間，帕竹第悉的職位空懸三年，無人擔任。

貢噶勒巴娶了仁蚌巴的一個女兒曲貝桑姆為妻，她生的兒子是仁欽多吉旺格傑波。明朝景泰帝、正統帝時（明英宗正統元年至十四年

17 五世達賴喇嘛《西藏王臣記》第 149 頁。

18 班欽‧索南扎巴《新紅史》，西藏人民出版社 1982 年版，第 87 頁、第 89 頁。

為 1436-1449 年，代宗景泰元年至八年為 1450-1457 年，其後英宗復辟，改元天順）派遣金字使者前來烏思藏賜給貢噶勒巴封王的詔書，從此他被稱為王貢噶勒巴。

在王貢噶勒巴執政期間，他前往巡視谿卡時，各首領官員都恭敬供奉，特別是在他去後藏巡視時，來自仁蚌的接待官員舉行了有肉、酥油、奶酪的盛大宴會，兩大宗（仁蚌和桑珠孜宗）敬獻了堆積如山的財物。與此相同，白朗、倫珠孜、嶺格宗等地以及拉堆絳和拉堆洛、江孜也獻了豐厚的禮品。儘管如此，貢嘎勒巴對仁蚌巴諾布桑波及其屬下心懷不滿，甚至和妻子關係不和，社會上出現了許多關於政局混亂的預言。雅隆上部、恰巴、桑耶等地首領傾向主母（貢嘎勒巴的妻子），內鄔和沃喀等地首領傾向第悉，王臣內部分為兩派。[19]五世達賴喇嘛在《西藏王臣記》中也有相同的說法。總之，由於貢噶勒巴不善於理政，仁蚌宗的宗本諾布桑波趁帕竹第悉政權內部不和的機會，從帕竹手中取得了後藏大部分地區的管理權。

王貢噶勒巴三十五歲的西元一四六七年即藏曆第八繞迴火豬年，委任其子仁欽多吉為澤當寺的法座，但隨後仁欽多吉即與其母親結為一黨，澤當再次發生混亂。仁欽多吉十九歲時去世，其母曲貝桑姆亦去世，此時澤當的混亂雖告平息，但第悉又聽信仁蚌巴措傑多吉的主意規定澤當寺的僧人須戴紅帽，僧人俱不樂意，有的以補丁大小的紅布代替帽子，有的則光著頭，很不雅觀。這不在於帽子的顏色，而是對噶舉派的信崇和對格魯派的限制，由此引起了噶舉派和格魯派的對立，這種做法對西藏公眾沒有益處，反造成許多危害。

---

19 班欽・索南扎巴《新紅史》，西藏人民出版社 1982 年版，第 91 頁。

西元一四五四年，經過父親且薩桑結堅贊與王貢噶勒巴商議，將王扎巴迥乃年紀十六歲的兒子阿格旺波委任為丹薩替寺的法座。其後不久，在阿格旺波二十歲時，第悉貢噶勒巴貪圖阿格旺波的京俄的職位，自任法座，阿格旺波不得已到扎喀、嘉桑兩地避居了十六年，直到西元一四七三年阿格旺波才返回了丹薩替寺和乃東宮殿。

在此期間帕竹的朝政由下面的一些官員先後執掌。西元一四八〇年仁蚌巴‧頓月多吉等率兵到達雅隆，將帕竹的管事人員驅逐，然後又進兵拉薩下游，攻占扎喀、曲水倫波孜等幾處宗谿。一四八一年即藏曆第八繞迴鐵牛年的藏曆新年時，以仁蚌巴為首的前後藏的各重要首領官員在乃東集會，請貢噶勒巴卸去第悉職位，到官薩地方居住，將京俄阿格旺波迎請到山南繼任帕竹第悉之位，並將仲喀哇之妹獻給阿格旺波為妻。此時京俄阿格旺波已四十三歲。

三年以後，西元一四八三年即藏曆第八繞迴的水兔年，王貢噶勒巴於五十一歲時去世。

王貢噶勒巴是帕竹政權的第七任第悉，他從西元一四四八年到一四八一年在位三十三年。

利用王貢嘎勒巴時期朗氏家族內部不和的時機，仁蚌巴表面上作出擁戴帕竹第悉的姿態，實際上竭力擴大自己的勢力，挖掉帕竹政權的基礎。

8、帕竹政權的第八任第悉阿格旺波

阿格旺波是王扎巴迥乃的兒子，他生於西元一四三九年即藏曆第七繞迴土羊年，十六歲時擔任丹薩替寺的京俄。在四十三歲的西元

一四八一年即藏曆第八繞迴的鐵牛年出任帕竹第悉。當時，朗氏家族的男性後裔僅存他一人，所以大臣們懇請他娶妻繁衍後代，並將仲喀哇的一個女兒獻給他。

阿格旺波四十七歲的西元一四八五年即藏曆第八繞迴的木蛇年，仁蚌巴率兵攻打江孜，指揮失當而失敗，故此年被稱為「江若泊嘉指揮錯誤之年」。同時，前藏地區也發生了紛爭，阿格旺波不偏不倚，居中處置，教導衝突各方和好，由於他不喜歡戰亂，使戰亂沒有造成大的惡果。

京俄阿格旺波，功業廣大，在政績方面超過了他的父親。他給澤當寺的法相師和修供大法事給以很大的資助；唐東傑布在尼洋河渡口修建鐵索橋時，他也提供了很大的幫助。

阿格旺波五十歲時生了一個兒子，名叫阿旺扎西扎巴。就在這一年，由於江孜法王家族內亂，仁蚌巴戰勝了江孜。阿格旺波在五十二歲的西元一四九〇年即藏曆第八繞迴的鐵豬年六月二日去世。在他「去世之時，因兒子年齡很小，很為眷念，身心十分痛苦，此時京俄卻吉扎巴答應在其子未成年之前由他擔任丹薩替寺的京俄，並與丹薩替和澤當的參與議事的大臣貴人一起認真辦理政務，使第悉政權之聲譽不受損害。」[20]按五世達賴喇嘛的說法在當時出現了被稱為「替東」（意為由丹薩替所派遣）的攝政官，京俄卻吉扎巴只是名義上的總負責人，實際上是由仁蚌巴措傑多吉擔負攝政官「替東」的主要職責。由於替東辦事不與其他大臣們商議，只是按個人的意願行事，引起其

---

20 五世達賴喇嘛《西藏王臣記》，第 152 頁。

他的地方首領們的不滿，因此第二年雅隆地區就又發生混亂，但沒有造成大的惡果。

西元一四九三年藏曆水牛年，卻吉扎巴就任丹薩替寺的京俄，同年明朝皇帝派人送來封阿格旺波為闡化王的詔書和賞賜品，將這些暫時存放於府庫中，金字使者們返回漢地。西元一四九九年的新年，以仁蚌巴為首的官員首領們在乃東集會，擁立年屆十二歲的阿旺扎西扎巴登上帕竹第悉的寶座，由此結束為時九年的攝政官「替東」時期。

總之，京俄阿格旺波是帕竹政權的第八任第悉，他從西元一四八一年到一四九○年在位九年，此後由攝政官「替東」掌政九年。

9、帕竹政權的第九任第悉阿旺扎西扎巴

阿旺扎西扎巴是京俄阿格旺波之子，生於西元一四八八年即藏曆第八繞迴的土猴年。他於十二歲的西元一四九九年即藏曆第八繞迴的土羊年登上帕竹第悉的寶座，當時仁蚌巴在丹薩替寺和澤當寺的講經院齋僧布施，舉行了盛大的即位儀式。

他剛滿十七歲，臣下就將仁蚌巴的一個女兒獻給他為妻，妻子在西元一五八○年即藏曆第九繞迴的土龍年生子卓微袞波，後來又生一子京俄扎巴迥乃。按五世達賴喇嘛的說法，阿旺扎西扎巴又娶本薩瓊則仲為妻，她生子夏仲阿旺扎巴。

阿旺扎西扎巴二十歲的西元一五○九年土蛇年，第悉和其僕從之間發生內亂，仁蚌巴給第悉寫來措詞嚴厲的信，並將第悉的軍隊撤回，據說這是第悉和仁蚌巴之間公開衝突的開端。次年，仁蚌巴措傑

多吉在雅隆去世，在舉行超薦法事時，仁蚌家的公子頓月多吉為首的軍隊進攻帕竹管轄的地方，第悉儘力勸諭他們退兵，但仁蚌巴頓月多吉並不聽從，第悉和仁蚌巴王臣之間的矛盾進一步擴大。由於心中不能容忍這種惡劣行為，京俄卻吉扎巴出來調和，他對頓月多吉說：「這位帕竹第悉對整個封土和各地首領、尤其是對你們仁蚌巴是愛護的，你們以宗餉為主做一次貢奉，消除第悉的不滿，乃是上策。」仁蚌巴聽從此言，改正行動，迎請京俄卻吉扎巴和第悉阿旺扎西扎巴福田施主二人到扎達，仁蚌巴頓月多吉對他們作了完滿的服事，態度十分恭敬，並獻了甲爾壟巴地方作為賠禮。第悉把仁蚌巴所獻的財寶大部分給了桑耶寺，把盔甲送給護法及土地神作酬神物品，顯出對仁蚌巴物品並不重視的樣子，因此頓月多吉對此也不高興。第二年頓月多吉在五十歲時去世。

阿旺扎西扎巴二十五歲的西元一五一二年即藏曆第九繞迴的水猴年，明朝皇帝「派遣禪師、國師主多人前來，在澤當賜給他封王的詔書。」[21]

西元一五一五年帕竹地方首領桑岱哇掀起戰亂，仁蚌巴總管等外臣們都支持桑岱，因此後藏發生了一場大戰，但雙方戰平。此時京俄卻吉扎巴主僕趕來色達，以割讓曲水倫波孜地方為條件，達成前後藏三年中不生戰亂的協定。此後仁蚌巴再次掀起戰亂，向江孜進兵。以瓊結巴仁欽傑卻為首的帕竹第悉方面的大軍也開到娘堆（年楚河上游江孜一帶），噶丹巴（即第巴吉雪巴）的將軍索南傑波率吉雪和澎波的軍隊開向襄（南木林），仁蚌巴受到嚴重打擊，以退還其占據的江

---

21 班欽索南扎巴《新紅史》，第 98 頁。

孜、白朗的土地，請求第悉原諒，並保證今後不再萌生反上之念。雖然仁蚌巴口頭作了許多保證，但是並未兌現，西元一五二二年即藏曆第九繞迴的水馬年仁蚌巴再次發動大的戰亂。

西元一五二四年即藏曆第九繞迴木猴年，京俄卻吉扎巴於七十二歲時在羊八井地方圓寂。故由第悉阿旺扎西扎巴的幼子扎巴迥乃擔任丹薩替寺中斷了一段的座主的職務，因他患有足疾，行動不便，故主要修習佛法。

按班欽索南扎巴的記載，當時一些地方勢力不斷向帕竹政權挑起戰亂，比如西元一五二四年木猴年帕竹與達壠巴之戰，次年西元一五二五年木雞年達壠巴和托喀哇聯合對帕竹之戰，西元一五二六年火狗年帕竹和格魯派聯合與止貢、達壠派之戰，除此這外，前後藏大部地區還算平靜。西元一五三〇年噶舉派和格魯派又發生爭鬥，似乎是由於它的影響，止貢和沃喀地方又發生戰亂，第悉又派遣了少數部隊去支持沃喀方面。到西元一五三八年即藏曆第九繞迴土狗年，前後藏各方三年不發生戰亂的協定期限已過，第悉方面正在想法繼續延長協定期限，但是仁蚌巴方面沒有聽從，所以又發生了大規模的戰亂。

總之，在第悉阿旺扎西扎巴的時期，仁蚌巴等地方首領發起了許多次與第悉政權較量的戰亂，第悉對地方首領竭力設法調和爭端，但是由於弊病已深，難以糾正，不過從政教兩方面的實際作為來看，這位第悉還算是善於掌政的人物，帕竹第悉政權的情況稍微有改善，特別是在宗教方面，阿旺扎西扎巴寫造了許多部金汁大藏經，新造許多幅緞繡唐卡，對佛教建立了廣大功業。他對各教派不執偏見，都尊重服事，給以大力支持。但當時地方勢力的矛盾中已經加入了紅帽派與

黃帽派（噶舉派與格魯派）的矛盾衝突，儘管這種教派矛盾還不足以對全局造成重大影響，但是教派矛盾愈來愈尖銳，最後終於演變成西藏的政權由哪一個教派來掌握的大問題。據說西元一四八一年即藏曆第八繞迴的鐵牛年，在噶瑪巴紅帽系活佛卻扎意希或稱京俄卻吉扎巴的鼓動下，仁蚌巴諾布桑波的兒子貢桑巴和頓月多吉率領後藏方面的軍隊一萬餘人到前藏，驅逐格魯派的施主內鄔宗宗本阿旺索南倫波和阿旺索南傑二人。此後在仁蚌巴措傑多吉擔任攝政官「替東」之時，從西元一四九八年起禁止格魯派的色拉、哲蚌、甘丹三大寺的僧人參加拉薩祈願大法會，而改由拉薩附近的噶舉派和薩迦派的寺院僧人參加。以後直到西元一五一八年，才由第悉阿旺扎西扎巴恢復色拉、哲蚌、甘丹三寺僧人參加拉薩祈願大會的慣例，並迎請第二世達賴喇嘛根敦嘉措每年主持拉薩祈願大法會，還把帕竹第悉在哲蚌的一座名叫「阿康恩莫」的別墅獻給了二世達賴喇嘛根敦嘉措，後來將這座別墅改名為「甘丹頗章」，以後五世達賴喇嘛統治西藏的政府的名稱即以這座頗章的名字命名，稱為甘丹頗章政權。

阿旺扎西扎巴在他七十八歲的西元一五六五年即藏曆第九繞迴的木牛年時，「大明皇帝世宗嘉靖皇帝封其為闡化王、灌頂國師法王之職。」[22]

此外關於帕竹這一時期情況記述十分簡略，我們至今沒有找到可以了解細節的資料，根據現有的資料，大約阿旺扎西扎巴在位後期的一個短時期中，其子夏仲阿旺扎巴曾登上帕竹第悉的寶座，但是不久後父親阿旺扎西扎巴又重新執政。這樣，帕木竹巴的第九任第悉阿旺

---

22 東嘎・洛桑赤列《論西藏政教合一制度》，民族出版社 1981 年版，第 85 頁。

扎西扎巴（除其子夏仲阿旺扎巴短期執政外）至少執政約六十四年（西元 1499-1563 年），這表明他大約活到八十歲左右。

夏仲阿旺扎巴是阿旺扎西扎巴與本薩瓊則瑪所生的三個兒子中的一個。

夏仲阿旺扎巴學識廣大，信奉格魯派和主巴噶舉派，「尤其是他與遍知一切索南嘉措（三世達賴喇嘛）建立施主與福田的關係，猶如一雙日月，交相輝映。」[23]而關於這一時期的帕竹政權的情況，據五世達賴喇嘛記載分析，夏仲阿旺扎巴還有兩個弟弟，也可能阿旺扎西扎巴之後還有第十任、甚至更多任的帕竹政權的第悉，而且可能當時前後藏發生過多次嚴重的戰亂，但這些情況都有待以後發現資料再加以補充。

總之，從帕木竹巴第十任第悉以下的情況含混不清，西藏的歷史學家們經過分析考證也許會得出清楚正確的結論，所以我們對帕竹第悉的介紹暫時在這裡結束。從通常的歷史年代的記載法來說，帕竹政權從西元一三五四年到一六一八年存在了二六四年，其中到第九任第悉為一九〇年，從第九任第悉到第悉藏巴掌握政權為七十四年。

23　五世達賴喇嘛《西藏王臣記》第 157 頁。

明朝對西藏地方政權的管理

一、明朝的建立及對西藏地方事務的管理

在元代，長江南北岸的農民多次舉行反對元朝皇帝統治的武裝起義，尤其是江南農民起義的次數和規模，在中國歷史上是空前的。當時經過劉福通、郭子興等人領導的反對元朝統治的農民武裝革命，最後由郭子興的部將朱元璋推翻元朝皇帝的統治，於西元一三八六年即藏曆第六繞迴的土猴年奪取農民革命的果實，在南京正式建立了明朝。

明朝管理西藏地方事務的辦法與元朝的基本的政策並沒有太大的差別。西元一三七二年即藏曆第六繞迴的水鼠年，明朝在西藏設置了一個叫做烏思藏行都指揮使司的管理機構。明朝還對當時西藏地方最主要的掌握政權者——歷任帕木竹巴的第悉賜給詔書、官爵、名號等，使他們受到整個藏區的敬重，此外明朝還給各個教派的著名賢哲、獲得成就者賜給名號、詔書，給以封賞。

二、明朝對西藏高僧的封受

　　明朝對當時烏思藏的主要統治勢力即從絳漾國師釋迦堅贊開始的歷任帕竹第悉，都賜給詔書和官爵，這方面的詳細情形，已在前面帕竹政權部分說過。明朝皇帝給歷任帕竹第悉封給大司徒、靖國公、灌頂國師、闡化王等官職，以及命其掌管吐蕃百姓的詔書、印信等，顯示了明朝對西藏地方的統治和管理。此外，明朝還對當時西藏各教派的有名望的許多高僧給以大小不等的各種封號、官爵和印信。我們在下面舉例說明。

1、明朝賜給歷輩噶瑪巴活佛的詔書和官爵

　　明朝永樂皇帝迎請噶瑪巴第五世黑帽系活佛得銀協巴於西元一四〇七年即藏曆第七繞迴火豬年到京城（今南京），給以極高的禮遇和尊崇，永樂皇帝和皇后向他請求了諸佛教誡以及金剛法界的灌頂等教法，並封他為：「如來大寶法王西天大善自在佛」，賜給用一百兩黃金製成的金印、玉印、詔書及珍寶等，並封與他同去的三名高僧為國師，賜給金印。[24]這三位同去的高僧是仲布國師、噶細巴仁欽貝、堪布官倫。明朝的成化皇帝（明憲宗）對第七世噶瑪巴卻扎嘉措賜給一頂特別的黑帽、珍珠袈裟、寶幡華蓋等眾多物品，以及黃金、綢緞等。[25]

　　西元一四七一年即成化七年藏曆鐵兔年，噶瑪巴卻扎嘉措派人向

---

24 西藏自治區社會科學院、中央民族學院藏族研究所編著《中國西藏地方歷史資料選輯》，西藏人民出版社 1986 年版，第 277 頁。

25 《中國西藏地方歷史資料選輯》第 282 頁。

明朝皇帝成化帝進貢佛像等。皇帝為此頒賜給他的詔書說：

「皇帝聖旨。諭烏思藏大寶法王噶瑪巴為首之人眾：

你等世代居住西土，順合天意，恭敬朝廷，謹守職司，獻納貢品，歷時已久，今更勤謹。此次復遣使者來，貢獻方物，如是忠順之心，殊堪嘉獎。今值使者返回，賞賜彌等綢緞等物，以表朕回報之意，使到之日，可自領受。

賜大寶法王禮品：青色緞一匹、紅色緞一匹、深綠緞兩匹、諸色綢緞四匹。回賜大寶法王物品：青色緞十匹、大綠緞五匹、深綠緞十匹、鈔幣四千五百錠。賜國師班覺頓珠禮品：青色緞一匹、大綠緞一匹、諸色綢緞兩匹。

成化七年正月二十九日。」此件詔書的原件至今仍保存在中國歷史博物館中。

2、明朝對薩迦派的各個高僧賜給詔書和封授官爵

西元一四一三年即藏曆水蛇年，明朝永樂皇帝迎請薩迦派的大乘法王貢噶扎西到中國內地，請求他傳授灌頂，並賜給他詔書。

關於他這次受封的情形，《薩迦世系史珍寶庫》中記載說：

「蛇年二月間，到達京城南臺（即今南京），朝見了皇帝大法王，多次講論佛法。大皇帝復生大敬信，毛髮聳動，請求傳授甚深密法之道灌頂。上師首先傳給吉祥喜金剛壇城深奧成熟灌頂，大黑天護法神加持等諸多深密教法，使其如願以償。此後，用巨船從水路迎請上師到大都（今北京）宮殿中，並新建名叫法坪寺的一座大寺院，作為上師臨時駐賜之所。大皇帝還像以前給孤獨長者供奉釋迦牟尼那樣對法主恭敬服事，把他奉為所有福田是最為尊勝者，並對上師說：『你要

像以前薩迦派歷代上師傳承那樣，作貫通顯密的大自在者，使無數眾生得以成熟解脫！」皇帝還封上師為『正覺大乘法王西天上善金剛普應大光明佛像遍主金剛持』。並賜給管領僧眾、護持釋迦牟尼教法之金冊、金印及用各種珍寶鑲嵌的千幅黃金法輪等難以計量的瑰寶。」[26]

明朝皇帝對大乘法王的弟弟達瑪達扎和洛本欽波索南扎西進行了封授，對此史書沒有更詳細的記載。

王勒貝堅贊（即都卻拉章的南喀勒貝堅贊）生於一三九九年，由明成祖封為王，並賜給金印。關於這方面的情形，《薩迦世系史》中記載說：「他 16 歲時（1414 年），未經努力爭取即得到大乘法王在世時的大明皇帝（明成祖）封給輔教王的名號和金印，以及管領吐蕃的詔書、大量賞賜品，還有准許每次派百人朝貢的詔書等。」[27]此處雖未明記封王的年代，但他生於西元一三九九年即藏曆第七繞迴土兔年，他十六歲時應為西元一四一四年即藏曆第七繞迴木馬年，此年為明朝成祖永樂十二年。

關於明朝皇帝封王南喀堅贊為王並賜給詔書的情形，《薩迦世系史》中記載說：「對於這位上師，當漢地王臣之間發生動亂之時，皇帝還將與封給其父的相同的王的名號、印信、敕文、金器、 王的官服等物賜給他，毫無缺損地送到他手中。」[28]南喀堅贊生於西元一四三五年，逝於西元一四六三年，似應是在他的後半生得到王的封號，因此可能是在明朝天順年間。

---

26 阿旺貢噶索南《薩迦世系史》，民族出版社 1986 年版，第 344 頁。
27 阿旺貢噶索南《薩迦世系史》第 375 頁。
28 阿旺貢噶索南《薩迦世系史》第 377 頁。

明朝皇帝不僅這樣對薩迦款氏家族的許多喇嘛封給法主、國師、王等封號，賜給金印詔書等，而且對歷史上遺留下來的所有權歸屬問題，明朝皇帝也可以直接做出決定。例如，關於薩迦大殿的歸屬問題。《法王熱丹貢桑帕巴傳》中記載藏曆水蛇年（西元 1413 年）明成祖為向大乘法王、噶瑪巴贈送禮品，為楚布寺運來金頂，給薩迦細脫拉章首領封大國師，給（輔教）王送來封王的詔書，為向帕竹第悉送交命其交出薩迦大殿給薩迦人的詔書，派遣以侯大人、宋大人為首的五位大人及隨從約五百人於當年五月八日從京城動身來藏，於十二月中抵達薩迦地方。此後在這裡舉行了隆重的頒詔儀式。這些記載中，可以說明當時西藏的以下三點情況：

　　①統治烏思藏地方的帕竹第悉在占據薩迦派的薩迦大殿長達半個世紀之時，因薩迦派的大乘法王貢噶扎西前去朝廷後，利用這一時機向明朝的永樂皇帝請求，皇帝下令要帕竹把薩迦大殿交還給大乘法王，這實際上也即是得到讓薩迦派可以自己管理自己的權力的詔書。在西藏地方勢力薩迦派和帕竹派之間的長期未能解決的問題上，是由明朝皇帝發布詔書來實際解決的。

　　②明朝皇帝不僅對當時西藏的高僧和大活佛給以封賜，而且對西藏當時在政治方面比較有勢力和聲望的地方首領也都封給名號和官職。

　　③在帕竹第悉王扎巴堅讚的時期規定了與貴族官員的身分相適應的一套儀仗禮儀，以此為範例，其他貴族也加以效仿。因此，在王扎巴堅贊時期曾經擔任過帕竹的森本的江孜熱丹貢桑帕巴到薩迦去接受明朝皇帝頒發的封他為土官的詔書時，也安排了與其貴族身分相應

的盛大儀式。這樣擺設儀仗，從當時的歷史來分析，當然是為了顯示自己是受到明朝皇帝敕封的高級官員，不必聽命於他人。

3、明朝對格魯派喇嘛賜給詔書和封號

關於明朝永樂皇帝在西元一四一三年即藏曆第七繞迥的水蛇年迎請宗喀巴大師去中國內地的情況，《宗喀巴大師傳佛法莊嚴》中記載說，明朝皇帝對宗喀巴大師十分敬信，曾派大人「哲窩」和金字使者攜帶各種禮品多次前來迎請大師前去漢地，並給宗喀巴大師送來金字詔書。這份詔書寫在寬三拃半、縱長一庹的漢地金色紙上，紙上還繪有五爪金龍圖紋。詔書上部為藏文，其下署有長生天護佑永樂年號，都是上下疊寫的。再下面還有許多漢文字。西元一四〇八年即藏曆第七繞迥土鼠年宗喀巴大師對明朝永樂皇帝的詔書寫了的回信，《宗喀巴大師傳》中記載了回信的全文。回信謝絕了皇帝請他到內地的邀請，作為替代，他派親傳弟子大慈法王釋迦也失作為自己的代表前往皇帝駕前。

西元一四一四年即藏曆第七繞迥的木馬年釋迦也失受到明朝永樂皇帝邀請動身去內地，他經過山南、康區、理塘等地到達四川行省附近時，成都府的大小官員和許多兵士前來迎接。他到達成都城時，受到皇帝派來的金字使者和眾多官員的迎接。他們還帶來了皇帝的詔書，皇帝在詔書裡說：「今聞上師你已離西土，不顧途中風雨烈日寒暑，漸次已行數萬里程，前來此處，朕心甚悅，難以言喻。現今復遣人於途中贈禮迎接，以示緣起，以表朕心。」[29]

---

29 西藏自治區社會科學院、中央民族學院藏族研究所編《中國西藏地方歷史資料選輯》，藏文，西藏人民出版社 1986 年版，第 314 頁。

西元一四一五年即藏曆第七繞迴木羊年釋迦也失到達內地，在京城皇宮中心被稱為「大善殿」的華貴高大的殿堂中朝見了皇帝，皇帝非常喜歡，舉行了盛大的接風宴會，並多次給以賞賜。大慈法王抵達內地後給皇帝和大臣們傳授了許多教法，並在漢地的五臺山修建了六座寺院，在漢人花園附近修建了名叫法源寺的寺院，弘傳格魯派的修習法。關於明朝大皇帝賜給他封號的情形，《大慈法王釋迦也失傳》中說：「大皇帝賜給他『萬行妙明真如上勝清淨般若弘照普慧輔國顯教至善大慈法王』的封號，並賜給詔書、難以思量的禮品等，釋迦也失帶著在漢地首次刻版印刷的大藏經《甘珠爾》硃砂木刻本的薦新本和在朝廷書寫的珍奇的金汁寫本回到西藏。」[30]

　　總之，明朝皇帝對西藏地方的掌握政權的人士和各個教派的首要的高僧大德等西藏的僧俗貴族人士賜給官爵、名號，發給讓他們掌管一方權力的詔書，而且還規定「不遵聖旨，法律絕不寬貸」。明朝的歷代皇帝對西藏地方的政教大事的管理情況，由此可以清楚地反映出來。

---

30 《中國西藏地方歷史資料選輯》第 316 頁。

昌明文庫·悅讀中國　A0607006

西藏簡明通史　上冊

主　　　編	恰白·次旦平措	
	諾章·吳堅	
	平措次仁	
版權策畫	李煥芹	

發 行 人　陳滿銘

總 經 理　梁錦興

總 編 輯　陳滿銘

副總編輯　張晏瑞

編 輯 所　萬卷樓圖書股份有限公司

排　　版　菩薩蠻數位文化有限公司

印　　刷　維中科技有限公司

封面設計　菩薩蠻數位文化有限公司

出　　版　昌明文化有限公司

桃園市龜山區中原街 32 號

電話 (02)23216565

發　　行　萬卷樓圖書股份有限公司

臺北市羅斯福路二段 41 號 6 樓之 3

電話 (02)23216565

傳真 (02)23218698

電郵 SERVICE@WANJUAN.COM.TW

大陸經銷　廈門外圖臺灣書店有限公司

電郵 JKB188@188.COM

ISBN 978-986-496-415-4

2019 年 3 月初版

定價：新臺幣 300 元

如何購買本書：

1. 轉帳購書，請透過以下帳戶

   合作金庫銀行 古亭分行

   戶名：萬卷樓圖書股份有限公司

   帳號：0877717092596

2. 網路購書，請透過萬卷樓網站

   網址　WWW.WANJUAN.COM.TW

大量購書，請直接聯繫我們，將有專人為您

服務。客服：(02)23216565 分機 610

如有缺頁、破損或裝訂錯誤，請寄回更換

版權所有·翻印必究

Copyright©2019 by WanJuanLou Books CO., Ltd.

All Right Reserved　　　　**Printed in Taiwan**

國家圖書館出版品預行編目資料

西藏簡明通史 / 恰白.次旦平措、諾章·吳堅、
平措次仁主編. -- 初版. -- 桃園市：昌明文化
出版 ；臺北市：萬卷樓發行, 2019.03

　　冊 ；　公分

ISBN 978-986-496-415-4(上冊 ： 平裝). --

1.歷史 2.西藏自治區

676.62　　　　　　　　　　108002903

本著作物由五洲傳播出版社授權大龍樹（廈門）文化傳媒有限公司和萬卷樓圖書股份
有限公司（臺灣）共同出版、發行中文繁體字版版權。
本書為金門大學產學合作成果。　　　　　校對：江佩璇／華語文學系三年級